Spiritual Culture
青心文化

在阅读中疗愈·在疗愈中成长

READING&HEALING&GROWING

开启一种全新的沟通模式

扫码关注，回复书名，聆听专业音频讲解，
让你说出的话温柔而又充满力量！

非暴力沟通：
冲突解决与疗愈和解

WE CAN WORK IT OUT &
GETTING PAST THE PAIN BETWEEN US

［美］马歇尔·卢森堡 | 著

吕　娜 | 译

刘　轶 | 审订

中国青年出版社

导　读

　　很显然，人类的生存可持续性必将取决于我们共同合作的能力，而如何调和冲突、矛盾、纷争、异议，是摆在我们面前无法回避的门槛，跨越这道门槛无疑是人类进化的历练。

　　马歇尔博士基于非暴力沟通所发展的冲突解决，以及关系修复（疗愈与和解）的技术过程简洁、并有力地引领人从冲突走向连结。而这一切全都建立在对人类所共有的感受与需要的看见与相互看见基础之上。

　　在本书的第一部分"冲突解决"中，马歇尔博士引导着人们不断用"需要"（驱使我们所有行动与表达的内在生命渴望）来开展表达与聆听。看似简单的指令，要做到却十分不易。我们刚出生时都与自己的感受和需要紧密相连着，可社会与文化的制约和影响，却让我们与自己的内在生命渐行渐远，可谓在"需要"外包裹上了层层的束缚，这包括：

一、当遇到不同带来的冲突时，我们的保护机制会立刻被触发，本能的防御模式（斗争、自我辩护、不予以回应，等等）则带来进一步的对抗与疏离。

二、我们沿用了上万年的语言模式充满了对与错的二元对立，也就是马歇尔博士所说的指责、评判、命令、比较、推卸责任，等等，表达为疏离生命的语言。这样的语言表达以及背后的思维模式不仅创造了冲突，还加剧了冲突。

三、冲突背后的不同利益诉求往往涉及当事人之间的权力动力。人类长期在以支配的方式来呈现权力的模式下生存，导致在关系中一旦有权力差异，不安全感甚至恐惧感就会无意识地影响着人们的言行。

面对这样的阻碍，不论是作为想要化解冲突的相关方还是支持对立双方和解的调解人，需要持续地戴上长颈鹿的耳朵（马歇尔博士用长颈鹿来比喻非暴力沟通），去聆听或翻译出每一个言行背后的感受与需要，包括那些看似艰难的时刻，例如当一方以指责、评判的方式来表达，或者不予以回应，等等。

要做到这样，需要聆听者或者调解人具备内在的稳定以及对人性的信任。马歇尔博士在本书的第二部分"疗愈和解"中专门有一节谈到如何在面对强烈感受时保持临在，结合他对同理与同情区别的讲解，相信能够让想要尝试为艰难对话带去同理聆听的读者获得练习心法。

一旦人们体会到被真正地听见与理解，就会卸下盔甲，感到安全与舒展，并进而邀请出人性中与生俱来的对连结、和谐的渴望，共同找寻满足双方需要的出路。所以马歇尔博士会说：从双方都能告诉我对方需要什么开始，在20分钟内就可以化解一场长期冲突。

如果说"冲突解决"展现了非暴力沟通的聆听与表达模式如何让冲突双方开展有效对话以及建立连结，那么"疗愈和解"中的过程则能让经历了冲突所导致的伤痛的人们获得深层疗愈与和解。

我在这里对这个过程背后的意图稍加展开，希望能让大家在阅读书中的角色扮演进程时更明晰。

经历伤痛的一方（也被称作"接收者"）与角色扮演的对方或者本人（也被称作"行为者"）开展的这段工作需要经历的主要过程：

1. "行为者"深度同理"接收者",以使"接收者"体会到被理解。

2. "行为者"表达真诚的哀悼,因为自己的行为使得某些需要无法得到满足。"行为者"以这样的方式为自己的行为以及行为所产生的影响承担起责任。这样做往往能让"接收者"进一步感受到安全。

3. "行为者"在"接收者"准备好的情况下尝试让"接收者"理解"行为者"的行为与初心(原本想要透过行为尝试满足的需要)何以相背离,甚至是悲剧性的,这往往涉及"行为者"本人所内化的社会制约。理解"行为者"并非给他们机会为自己"辩护",而是让"接收者"有机会触碰"行为者"的人性。当然前提是,"接收者"已经获得了充分的同理。

　　"疗愈与和解"的过程展开每每充满着人性被充分看见带来的深度疗愈与释放。不禁让人感叹，每个人都在尽自己最大的努力尝试满足需要，哪怕是悲剧性的行为背后也都有着良善的意图。而人与人之间真正的和解需要的是真诚又深刻地相互看见，对"行为者"的惩罚甚至报复只能加深对与错、好与坏的评判所带来的疏离，既无法带来疗愈也无法为自己和对方带来有助于生命成长的学习。

　　基于非暴力沟通的冲突解决与化解伤痛的工作之所以行得通，让我们得以见证在冲突双方之间建立同理心连结的神奇力量。这或许验证了生命的存在本来就是相互依存的。当我们意识不到他人与我的相互依存，就会倾向于站在自己的视角来与外界互动，因而产生矛盾和冲突；而关系的修复与和解得以真正发生，也正是建立在重建连结、重拾你我的相互依存之上。

　　或许这也回答了学习者问到的，我们要怎么来做角色扮演？仅仅是角色扮演就足够了吗？！你我的生命原本就是相连的、同出一处的。

　　"我们作为一种物种要能生存下去，取决于我们有没有能力去意识到：别人的安康就是我们的安好，两者如一。"（马歇尔·卢森堡博士）我想，这亦是非暴力沟通所指向的核心精神，以及引领我们在跨越进化门槛的过程中要发展出的重要意识与能力。

刘　轶

中国大陆首位国际非暴力沟通中心认证培训师

国际非暴力沟通中心认证评估师（受训）

非暴力沟通NVC中文网创始人

新版《非暴力沟通》译者

NVC冲突教练调解人，ICF认证转化教练

目　录

第二部分　疗愈和解

第一部分
冲突解决

导 言

40多年来，我一直在调解亲子、夫妻、管理层和员工、巴勒斯坦人和以色列人、塞尔维亚人和克罗地亚人，以及塞拉利昂、尼日利亚、布隆迪、斯里兰卡和卢旺达国内交战团体，等等，之间的各种冲突。从处理所有这些冲突中，我学会了如何和平地解决冲突，使得让所有人满意成为可能。如果冲突各方之间能够建立一种高品质的人际连结，就能大大增加以一种让所有人都满意的方式解决冲突的可能性。

　　我发展了"非暴力沟通"过程，它由思想和沟通技巧组成，使我们能够慈悲地与他人和自己连结。我和同事们在个人生活、工作环境，以及政治活动中，曾在各个不同层面去使用非暴力沟通，并对其结果感到满意。

　　在接下来的内容中，我将给大家描述，使用非暴力沟通来和平地解决冲突的过程。当我们自己直接身处冲突的旋涡，或者想要帮助他人调解冲突时，都可以使用这个技术。

　　当我们介入冲突，并想要化解冲突时，首先我要引导参与者在彼此间建立一种相互关心、相互尊重的关系。只有在这种情况下，双方才有可能产生连结，才能主动参与到寻找解决冲突的策略中来。

　　我们不是说要妥协，相反地，是要努力寻求一种能够解决冲突，并让每个人都完全满意的策略和方法。为了实施这种解决冲突的过程，我们必须彻底放弃这个目标——让人们做我们想要他们做的事情。反之，我们专注于创造条件，让每个人的需要都能得到满足。

为了进一步澄清这两种聚焦（我们想要的和每个人想要的）的不同，让我们假设某人的行为方式没有满足我们的需要，我们要求这个人做出不同的行为。根据我的经验，如果他们认为我们只对满足自己的需要感兴趣，而且不相信我们同样关心他们的需要是否得到满足，那么他们就会拒绝我们的要求。当参与者相信自己的需要和价值观会得到尊重时，才会启动真正的合作。非暴力沟通的过程就是建立在相互尊重的基础上以促进诚恳合作的实践。

用非暴力沟通解决冲突

实践非暴力沟通解决冲突包括：

1. 表达我们自己的需要；

2. 感知他人的需要，不管他人的表达方式如何；

3. 确认需要是否被准确接收；

4. 给予同理聆听，使得人们能听见对方的需要；

5. 将建议的解决方案或策略，转化成积极的行动语言。

定义和表达需要（需要不是策略）

根据我的经验，如果我们把注意力放在需要上，我们的冲突就会朝双方都满意的方向发展。我们专注于需要，表达自己的需要，并清楚地理解他人的需要，避免任何暗示对方错误的语言。以下是我们都有的一些基本需要：

自主

选择梦想、目标及价值观

选择实现梦想、目标及价值观的计划

庆祝

庆祝生命的创造和梦想的实现

庆祝失去：亲人、梦想等（哀悼）

内外一致

真实性

创造力

意义

自我价值

相互依存

接纳

欣赏

亲近

社区

体贴

为生命的丰盈做出贡献

情绪安全

同理心

诚实（诚实赋能于我们从自己的局限中学习）

爱

保证

尊重

支持

信任

理解

温暖

身体滋养

空气

食物

动作

运动

保护（免受病毒、细菌、昆虫、食肉动物的威胁）

休息

性表达

庇护所

触摸

水

玩耍

有趣

欢笑

精神交流

美

和谐

灵感

秩序

和平

不幸的是，我发现鲜少有人能够表达需要。相反地，经过常年的训练，人们习惯用批评、侮辱的方式来沟通，因此，切断了人与人之间的连结，造成了人与人之间的距离感。在面对冲突时，即使有解决方案也看不到。双方都不表达自己的需要并理解对方的需要，都在玩谁对谁错的归咎游戏，最终很可能以各种形式的语言、心理或身体暴力而非和平解决分歧来结束。

由于需要是非暴力沟通冲突解决方法的重要组成部分，我想澄清一下我在谈论需要时所指的内容。正如我所说，需要可以被认为是维持自身生命所需的资源。例如，我们的身体健康取决于我们是否得到足以满足生存所需要的空气、水、休息和食物。当我们对理解、支持、诚实和意义的需要得到满足时，我们的心理与精神的安康就会增强。

在我定义需要时，所有人都有相同的需要。无论我们的性别、教育水平、宗教信仰，或者国籍，某些需要是有普世价值的。人与人之间的不同在于满足需要时所采用的策略不同。我发现，将我们的需要与可能满足我们需要的策略分开，有助于解决冲突。

将需要与策略区分开来的一个指导原则是要记住需要中不包含特定人士采取的特定行动。相比之下，有效的策略或更常见的想要、请求、愿望和"解决方案"，指的是特定人士采取的特定行动。下文中，一对即将放弃婚姻的夫妻之间的交流将为大家澄清需要和策略的重要区别。

　　我问丈夫，他有什么需要在婚姻中得不到满足。他回答说："我需要摆脱这段关系。"由于他说的是一个特定的人（他自己）采取特定的行动（离开婚姻），所以他没有表达出我所定义的某个需要。相反地，他告诉我一个他想采取的策略。我指出了这一点，并建议我们推迟讨论策略，直到我们真正澄清了他的需要和妻子的需要之后再来探讨。当他们能够明确指出自己的需要时，两人都会发现除了结束关系之外，还有其他策略可以满足彼此的需要。我很高兴地说，在那之后的两年里，他们建立了一种双方都非常满意的婚姻关系。

　　许多人难以表达自己的需要。缺乏"需要素养"带来了人们在想要解决冲突时的问题。我想告诉你们一个例子：一对试图解决冲突的夫妻走向用肢体暴力来对待彼此。

　　我一直在这个丈夫的工作场所做一些非暴力沟通培训。在一次培训结束后，丈夫问我是否可以与我私下谈谈。他泪流满面地表达了和妻子之间的现状，并问我是否愿意见他和太太，帮助他们解决一些冲突。在妻子同意后，一天晚上我去了他们家。

　　我在开始谈话时说："我知道你们都很痛苦。我建议你们每个人开始先试着表达一下你们在这段婚姻关系中没有得到满足的需要是什么。一旦你们了解彼此的需要，我相信我们可以找到一些策略来满足你们彼此的需要。"

　　我问他们的问题需要他们具备表达需要和理解彼此需要的能力。

　　不幸的是，他们没能够按照我建议的去做，因为缺乏这方面的素养。丈夫不会表达他的需要，只是说："我和你的问题是，你完全不知道我的需要是什么。"他的妻子立刻回答说："看吧，你一直就是这样说这么不公平的话。"

还有一次，我去一家公司培训，这家公司正在经历一场令人非常烦扰的、长达15个多月的冲突，不仅严重影响了员工的士气，也严重影响了公司的生产力。发生冲突是因为同一个部门中有两个小组就公司应该使用哪一款软件产生了争议。两组都有强烈的情绪。一组人非常努力地开发目前正在使用的软件，且希望继续使用。另一组人则非常想启用另一款新软件。

当我遇到这两组人时，如同处理前面所说的夫妻冲突一样，首先请双方告诉我，他们所倡导的软件能更好地满足哪些需要。情况总是惊人的相似。同丈夫和妻子一样，我没有得到任何明确的有关需要的表达。相反地，双方都以一种理智的分析作为回应，并且不停批评另一方。

一个小组的成员说："我认为，如果我们仍继续使用旧产品显得过于保守，将来可能会失业，要想提高竞争力，必须要承担一些风险，敢于超越自己，改变自己老派的做事方式。"另一组的成员回应说："我不这样认为，冲动而盲目地追新并不符合我们的最佳利益。"他们告诉我，几个月来这两个小组一直在互相重复这些相同的分析，结果一无所获。事实上，他们在彼此之间制造了相当多的紧张气氛。

如同丈夫和妻子的例子一般，他们不知道如何直接表达自己的需要。相反地，他们所进行的分析都被对方视为批评。战争就是这样产生的。当我们不能清楚地说出自己需要什么，只知道如何对别人进行听起来像是批评的分析时，战争就离我们不远了，无论是语言、心理还是肢体上的。

感知他人的需要（无论他人如何表达自己）

　　我所描述的冲突解决之道，不仅需要我们学会表达
自己的需要，还需要帮助其他人厘清他们的需要。不管
他人如何表达自己，我们都可以训练自己通过聆听他人
的信息来找到其需要。

　　我经常提醒自己要这样去做，是因为我相信每一条
信息，无论其形式或内容如何，都在表达需要。如果我
们接受这个假设，就可以训练自己去感知，所有特定信
息的产生可能是基于什么样的需要。因此，如果我问某

人他刚才说了什么，而他回答"这是一个愚蠢的问题"时，我会选择透过对我的评判来感知对方可能需要什么。例如，我可能会猜，当我问那个特定问题时，他对理解的需要没有得到满足。

或者，如果我请求某人和我谈一谈我们关系中存在的一些压力时，如果对方说"我不想谈"，我可以感知对方需要的是保护自己，以免受沟通后可能会发生的事情的影响。

这种感知他人需要的能力，在调解冲突中至关重要。我们可以通过感知双方的需要，将其用语言表达出来，然后帮助双方聆听对方的需要来提供帮助，创造并提高连结的质量，这样才有可能走向冲突解决。

我举个例子来说明。我经常与已婚人士一起工作。

在这些群体中，我发现了常年有严重冲突的伴侣并做出了一个相当惊人的预测。我预测从双方都能告诉我对方需要什么开始，在20分钟内可以化解这场长期冲突。

有一次，当我和一群人一起做这项练习时，发现一对结婚长达39年的夫妇在钱的问题上有冲突。结婚6个月后，妻子透支了支票簿两次，从那时起，丈夫就控制了支票簿，不让她开支票。他们为此争论了39年。

当这位妻子听到我的预测时，说："马歇尔，我告诉你，你说的事不会发生的。我的意思是，我们的婚姻很幸福，我们沟通得也很好，但在这场冲突中，我们只是对金钱有不同的需要。怎么可能在20分钟内解决。"

我纠正了她，说我没预测我们会在20分钟内解决这个问题。"在你们两人都告诉我对方需要什么后，我会在20分钟内提出解决方案。"她说："但是马歇尔，我们沟通得很好，当你花39年来谈论一件事时，你肯定知道对方需要什么。"

我回答说："嗯，我以前犯过错。在这个情境中，我当然也可能会错，但让我们来探讨一下。那么如果你知道他的需要是什么，告诉我那是什么？"

她说："很明显，马歇尔，他不想让我花钱。"

丈夫立即回应说："这太荒谬了。"

很明显，她和我对需要有不同的定义。当她说他不想让她花钱时，她是在说我所说的策略。即使她是对的，她只是准确地说出了他想要的策略，而不是他的需要。

在我定义需要时，需要不包括具体的行为，比如花钱或不花钱。

我告诉她所有人都有同样的需要，我确信如果她能弄清楚她丈夫的需要是什么，丈夫也能清楚地知道她的需要，我们就能解决这个问题。我说："你能再试一次吗？你认为他需要什么？"

她说："好吧，让我解释一下，马歇尔。你看，他就像他自己的父亲一样。"然后她告诉我她的公公是多么吝啬。我打断她说："等等。你在给我一个关于他为什么会这样的分析。我问的是，在这种情况下，他有什么需要。而你给我的是一个关于他生活中发生了什么的智性分析。"

很明显，她不知道如何发现他的需要。即使谈论了

39年，她仍然不知道他需要什么。她随意给他做出判断，对丈夫不想让她保管支票簿的原因有着智性的分析，但她并不真正理解他在这种情况下的需要。

于是我问丈夫："既然你妻子不知道你的需要是什么，你为什么不告诉她？保管支票簿能满足你自己的什么需要？"

他说："马歇尔，她是一位非常称职的妻子和母亲。但说到钱的管理，她完全不胜任。"

现在，再次注意我问他的问题，"在这种情况下，你需要什么"和他的回答之间的区别。他没有告诉我他的需要是什么，而是给了我一个诊断，说她不负责任。我认为正是这种语言阻碍了和平解决冲突。当任何一方听到自己被批评、诊断或分析时，其能量和焦点都会转为自卫和反驳，而不是满足对方的需要，并达成一致的决议。

我坦诚地告诉这位丈夫，他并没有真正触及自己的需要，其陈述只是对妻子的诊断。然后我又问他："在这种情况下，你需要什么？"他无法确认。

因此，即使经过39年的讨论，两人也没有真正意识到对方的需要到底是什么。在这种情况下，我个人感知需要的这种能力，可以用来帮助他们摆脱冲突。我用非暴力的沟通技巧来猜测丈夫和妻子的需要，而非他们表达时所使用的诊断。

我提醒他，他说妻子在金钱管理方面不称职（这是一种诊断），然后我问："你在这种情况下感到害怕吗，因为你需要保证家庭的经济安全，对吗？"当我说这句话时，他看着我说："这正是我所想说的。"当然，他没那么说！但当我们感觉到一个人需要什么时，意味着我们正在接近真相，逐渐领会到人们想要说的话。我认为，所有暗示错误的分析，基本上都是对未满足需要的一种悲剧性表达。如果我们能听到一个人需要什么，这对他们来说是一份珍贵的礼物，因为这有助于他们与真实的生活连结。

在这种情况下，我碰巧猜对了，但这并不是要求你必须每次都猜对。如果猜错了，至少我会把他的注意力引到需要上，来帮助人们更加了解自己的需要。将需要从判断分析中剥离，让人们与生活紧密连结。

确认需要是否被准确接收

一旦他表达了自己的需要，下一步就是确保对方听到了。这是解决冲突的关键技巧。我们不能假设仅仅因为表达了一条信息，其他人就会准确地接收到了。每当我在调解冲突时，如果我不确定收听信息的人是否准确地收到信息，我会让他们重复一遍。

我问他的妻子："你能告诉我，你听到丈夫在这种情况下需要什么了吗？"

她说："我们结婚时，我是透支了几次，但不代表我会一直这样啊。"

根据我以往的经验，她的反应并非不典型。当人们多年来累积了许多痛苦，即使对方清楚地说出他们的需要，也不代表着一个人能听到。他们常常被自己的痛苦控制，以至于无法去听到、感受到别人的痛苦。

我问她是否可以复述丈夫说的话，但显然，她无法听到丈夫在说什么，因为她太痛苦了，根本无法关注到其他人。我对她说："我想告诉你，我听到你丈夫说了什么话，然后请你重复一遍。"我说，"我听到你丈夫说他需要保护家庭的经济和生活安全。他很担心和害怕，他想要保护你们的家庭免受伤害。"

以同理心来疗愈（阻碍人们听到彼此）的伤痛

因为她仍然听不见，我使用了另一种在解决冲突时常用的技巧。我调整了下，不再试图让她复述他说的话，而是去试图理解她的感受，她的痛苦。

我说："我感觉到了你因为丈夫的行为受到了伤害，你需要他的信任，你可以从过去的经验中学习。"我从她的眼神中看出她对被人理解的渴望，她说："是的，没错。"

在确认让她感觉到自己充分被理解和同理后，我希望她能够听到她丈夫的声音，所以我再次重复了丈夫所需要的理解。丈夫看重的是家庭，他想要保护家庭免受伤害。我让她把听到的话复述一遍。她回答说："所以他认为我花钱太多了。"

正如你所看到的，她没有接受过聆听需要的训练，也没有接受过表达需要的训练。她表达的，听到的不是丈夫的需要，而是对自己的判断。我建议她试着只去听需要，不要去听任何对自己的批评。在我重复了两遍之后，她终于能听到她丈夫的需要。

然后我将流程反过来，让妻子表达她的需要。这一次，她同样无法做到；她以判断来表达自己的需要，并说："他不信任我。他认为我很愚蠢，我无法学习。我认为这对我不公平。我的意思是，仅仅因为我做了几次，并不意味着我会一直透支啊。"

我再一次向她传授了沟通的技术，让她能够感知到这一切行为背后的需要。我对她说："听起来你真的需要被信任。你真的需要被认可，你可以从这种情况中学习。"

然后我让丈夫告诉我他妻子需要的是什么。正如妻子对他的判断，妻子听不到他的需要，他也听不见妻子的需要。他想从保护家庭的需要角度，来为自己的行为辩解，并如开始那样，一直解释妻子是一个好太太、好母亲，但在金钱问题上完全不称职，对家庭不负责。我不得不帮助他学会如何做到聆听时不去评判，而去听懂妻子的需要是什么，所以我说："你能告诉我她的需要是什么吗？"他重复了三次练习，终于他听到妻子最需要的是信任。

　　然后，正如我预测的那样，当他们听到彼此的需要后，不到20分钟就找到了一种满足双方需要的方法。花的时间比听到需要的时间少得多！

　　这些年来，随着我介入的冲突越来越多，我越发清楚地看到，是什么导致了家庭争端，是什么导致了国家战争，并越发相信大多数学习者都能够解决这些冲突。如果人们只是问："这是双方的需要，这是资源。我们可以怎么做来满足这些需要？"冲突很容易解决。但不幸的是，没有人教导我们从人类需要的角度来思考，我们的认知也没有达到这个水平。取而代之的是以标签和判断将彼此非人性化，以至于即使是最简单的冲突也变得很棘手。

解决族群间的冲突

　　为了说明这些相同的原则如何适用于两个人以上团体的情况，我可以给大家示范下，我是如何调解一场发生在尼日利亚两个部落间的冲突的。在过去的一年里，这些部落之间发生了重大的暴力事件。数据显示，部落四分之一的人口被杀身亡，也就是在一年之内400人中有100人死亡。

　　看到这场暴力事件，在我的一位尼日利亚同事的努力说服下，双方首领同意与我会面看看是否能解决冲突。经过争取，他们同意见面了。

当我们走进会议室时，同事低声对我说："马歇尔，我们马上就要进入弹药库了。房间里有三个人知道杀害他们孩子的人也在那个房间里。"

会议一开始气氛非常紧张。这两个族群之间发生过太多暴力事件，这是他们第一次真正坐在一起。

我以一个我经常用来解决冲突的问题开始，去关注人们的需要。我对双方说："我希望任何想先发言的人都能说出你在这种情况下的需要。在每个人都了解其他人的需要之后，我们将着手寻找满足需要的方法。"

不幸的是，就像前面提到的丈夫和妻子一样，他们不了解需要，他们只知道告诉我对方做错了什么。一边的首领没有回答我的问题，而是看着桌子对面的人说：
"你们这些人都是杀人犯。"另一边则回答说："你们一
直想控制我们，我们忍无可忍了！"两句话之后，屋内
的气氛比开始时更加紧张。

　　显然，仅仅把人聚在一起是没有什么帮助的，除非
他们知道如何以一种人类相互结的方式进行交流。同我
对上面那对已婚夫妇做的工作一样：无论他们表达什
么，借由我的力量让他们觉察感受背后的需要。

　　我转头对那位说"你们这些人都是杀人犯"的首领
说："这位首领，你需要安全，是吗？你需要确保在发
生任何冲突时，都能通过暴力以外的方式解决吗？"首
领立刻对我说："当然，当然，我就是这么说的！"他
当然没这么说。他说对方是杀人犯，而且在没有表达他
的需要前就做出判断。当我们把他的需要摆在了桌面

上，转向问另一边的一位首领说："首领，你能记得他所说的内容，明白他的需要是什么吗？"

首领以一种充满敌意的口吻回答说："那你为什么杀了我的儿子？"

这个回答引发了两个族群之间的剧烈争吵。待双方平静下来后，我说："首领，我们稍后再来回应他的需要，现在我建议你先听听他的需要。你能告诉我，他说他的需要是什么吗？"他无法做到。在情绪非常激动的情况下，很容易陷入对他人的判断中，根本听不到对方的需要。我一边听一边重复这些需要，说："首领，我听到另一位首领说他需要安全。他需要有安全感，无论发生什么冲突，都能以某种非暴力的方式解决。你能不能回复一下这是什么需要？这样我就确定每个人都在沟通。"他做不到。我不得不重复两三遍，他才听到对方的需要。

我把这个过程颠倒过来，对另一个族群首领说：
"我感谢你听到他对安全的需要。现在我想听听你在
这上面的需要。"他说："他们一直试图控制我们，他
们更具实力，自我优势感很强，认为自己比所有人都
好。"这再次引发了与另一方的争吵。我不得不打断他
们说："对不起，对不起。"这群人安静下来之后，我开
始试着去感受，在另一方占优势地位的陈述背后，他
们的需要是什么。

我问："首领，你说这句话背后的需要，是希望被
平等对待吗？你需要感到你在这个社区中被平等对待
吗？"他说："当然是的！"

同样，我再让另一边的首领听到，显然这不是一件

容易的事。我重复了三四次，才让站在另一边的首领听到这个首领表达的需要。最后，首领听到另一位首领说他需要平等。

在我花了这么多时间让双方表达他们的需要，并听到对方的需要（这花了将近两个小时）之后，另一位没有说话的首领跳起来，看着我，非常激动地说了些什么。我听不懂他的语言，所以我非常好奇他这么激动想向我表达什么，并急切地等待着翻译。"首领说我们不能在一天之内学会这种交流方式。他说，如果我们知道如何用这种方式交流，我们就不必互相残杀。"听到后，我感动极了。

我对翻译说："告诉首领，他看到了当我们听到彼此的需要后会有什么样的事情发生，我非常感激。同时请告诉他，今天我的目标是帮助双方和平解决冲突，让每个人都满意，我希望人们能看到这种沟通方式的价值。如果双方都愿意，我们乐意培训每个部落的人，学会以这种方式交流，不需要使用暴力，而是通过这种方式来解决未来的冲突。"

那个首领想成为被训练的成员之一，事实上，在我离开的那天之前，有两个部落的成员都渴望学习非暴力沟通的整个过程，让每个人都能听到所有信息背后隐藏的需要。我很高兴地告诉大家，部落之间的战争在那天结束了。

以正向行动的语言来提供策略

在帮助冲突中的各方表达他们的需要，并与其他人的需要联系起来之后，我建议我们继续寻找能满足每个人需要的策略。

根据我的经验，如果我们太快开始采取解决策略，我们可能会做一些妥协，势必会影响解决冲突的质量。如果我们在提出解决方案之前充分了解双方的需要，我们将提高双方遵守协议的可能性。

当然，仅仅帮助双方了解对方的需要还远远不够，还必须要采取行动来满足每个人的需要，这样才算是一个完整的过程。这就要求我们能够用此刻可回应的、正向的行动语言，清楚地表达想要提出的策略。

我所说的"此刻可回应"的语言是指此时对方想要听到的明确陈述，比如"我希望你告诉我你是否愿意……"，然后说出你希望对方采取的行动。通过说"你是否愿意……"回到当下，会更容易培养出尊重彼此的讨论。如果对方说他们不愿意，我们再去找出原因。我发现，如果我们能学会用此刻可回应的语言表达请求，就能朝着解决冲突的方向多前进一步。

如果我们对某人说，"周六晚上我想要和你一起去看演出"，这个表达很清晰，我在周六晚上想要做什么，但表达不清晰的地方在于，没有说出当时想要从那个人那里得到什么。我当时可能想要那个人告诉我，他是否愿意去。我可能想要他告诉我，和我一起去的感觉。我可能想要他告诉我，他对去是否有任何保留，等等。

我们越清楚自己现在想要什么回应，冲突解决的速度就越快。

我还建议用正向行动的语言表达请求，明确说明我们想要什么，而不是我们不想要什么，来满足我们的需要。在冲突情境中，告诉人们我们不想要什么会产生困惑和阻碍。这一点即使在我们自言自语时也适用。如果我们只是告诉自己我们不想做什么，我们就不太可能在这种情况下做出太大的改变。

我能想起几年前我在公共电视上做的一个辩论议题。这个节目是在白天提前录制好，然后在当天晚上播

放，所以我可以回家看。当我在看这个节目时，我对自
己感到不悦，因为我在辩论的时候做了三件自己不喜欢
的事情。

所以我记得当时我对自己说："如果我再次加入这
种议题辩论，我不要做A，我不要做B，我不要做C。"

我有机会挽回自己了。因为接下来的一周，我应邀
继续同样的辩论。当我去电视台的时候，我反复对自己
说："现在记住，不要做A，不要做B，不要做C。"我
上了节目，另一位辩论者以他前一周沟通的方式向我发
起攻击，然后我做了什么？有10秒钟我很漂亮地做到
了。十秒钟后我做了什么？A，B和C。事实上，正如
我所记得的，我很快就弥补了失去的10秒钟！

问题是我告诉自己什么不该做。我还没有弄清楚我

到底想做些什么。因此，为了满足每个人的需要，双方清楚地说出他们想要什么，而不是他们不想要什么，有助于解决冲突。

有一次，一个女人向我清楚地说明了这一点。她就丈夫待在家中的时间长短和他发生了冲突，她对丈夫说："我不想要你在工作上花那么多时间。"后来，当丈夫报名参加保龄球俱乐部时，她又大发雷霆！在与丈夫的沟通中，她说了她不想要的，而不是她想要的。如果她表达了自己想要的，听起来可能是这样的："我想要你告诉我，你是否愿意每周至少花一个晚上与我和孩子们在一起。"

行动语言意味着当我们提出请求时，用明确的行动动词清楚地说出我们想要什么。这也意味着避免使用模糊需要或听起来像是在攻击的语言。

例如，一对夫妇有着12年的冲突。太太在这段关系中想要被理解的需要没有得到满足。在我让她的伴侣反映了她的需要后，我说："好吧，现在让我们开始讨论解决的策略。"我问，"举例说，你想从他那里得到什么，来满足你对理解的需要？"她看着丈夫回答说："我想要你在跟我说话时能够听我说。"他说："我确实在听。"她说，"不，你没有。"他说，"是的，我有。"他们告诉我，12年来他们一直在进行同样的对话。当我们用"听"这种字来表达我们的策略时，就会发生这种情况。这种说法太模糊了，不是我所说的行动动词。

在我的帮助下，这位女士意识到她真正想从她的伴侣那里得到什么，她说："我想要你聆听。"她想要丈夫对她所说的话有回应，这样她就可以确认自己是否表达得很清楚。当她向丈夫提出这个正向的行动要求时，他非常愿意这样去做。她很高兴，因为这个策略真的满足了她的需要。最后，她12年来一直渴望的需要终于得到了满足。她所缺少的只是清楚地告诉丈夫，她想要什么。

另一个类似的夫妻冲突是有关妻子需要丈夫尊重她的选择。一旦丈夫明白了，我说："既然你丈夫明白了你需要的是你的选择得到尊重，你对他有什么请求？你用什么策略来满足这种需要？"

她说："好吧，我想要你给我成长和做我自己的自由。"他回答说："我愿意。"她回答说："不，你没有。"他说："我有。"我赶紧说："等等，等等！"

我们再次看到非行动语言加剧了冲突。人们很容易听到，"给我成长的自由"意味着他们是奴隶主或专横。这个请求没有明确地说明想要什么。所以我给她指出了这一点。我说："我想要你确切地告诉他，为了更好地满足你的需要，你希望他做些什么，让你感到自己的选择得到了尊重。"她回答说："我希望你允许我……"我阻止了她并说："我担心允许也很模糊。你能用一个比允许更具体的行动动词吗？"

她回答说："嗯，如果我想他允许我呢？""不，"我说，"这仍然很模糊。当你说你希望一个人允许你时，你真正的意思是什么？"

思考了几秒钟后，她意识到了这个重点。她说："哦，马歇尔，我明白怎么回事了。当我说'我希望你让我成为'和'我希望你给我成长的自由'时，我很清楚我想从他那里得到什么。只是如果我挑明地说这句话，而且必须要这样表达的话，我会很尴尬。此外，我看得出他做不到。因为我希望他告诉我，不管我做什么都没关系。"

　　当她弄清楚自己到底需要什么时，她发现自己的需
要并没有给丈夫留下多少选择的自由，能让他做自己，
让他的选择也得到同样的尊重。

　　尊重是成功解决冲突的关键。

解决与权力者的冲突

许多年前，我在南方城市与一群少数族裔学生一起工作。在他们的印象中，学校的校长在很多行为上都表现得像是一名种族主义者，他们希望我能够教他们一些解决冲突的技巧。

当我们在培训时，他们明确识别了自己的需要。当谈到如何表达请求时，他们说："马歇尔，对于向校长提出请求这件事，我们并不乐观。我们曾经尝试过，但结果并不愉快。过去，校长说过'赶紧离开，否则我要报警'这样的话。"我问："你向他提出了什么请求？"

其中一名学生回答说："我们说我们不想听他告诉我们该怎么蓄发。"他们指的是校长禁止他们参加足球队，除非他们把头发剪短。我向他们指出："我并非提议你们告诉他你们不想要什么（你们不想让他告诉你们该怎么蓄发），而是学会如何告诉他你们想要什么。"

另一名学生说："我们告诉他我们想要公平。"我回答说："嗯，这是一种需要。我们需要公平。一旦我们知道需要，下一步就是向他人明确表达我们真正想要他们做什么。他们能做什么来满足我们的需要？我们必须学会如何更清楚地说出来。"

我们非常努力，用正向的行动语言提出了38个此刻可回应请求，我们练习了如何以尊重对方、不苛求的方式来表达请求。这样做意味着，在你提出请求后，无论对方如何回应，无论对方是否同意，你都会给予同等程度的尊重和理解。如果他们说"不"，试着理解那满足了他们什么样的需要妨碍了他们说"是"。

尊重不等于退让

理解他人的需要并不意味着你必须放弃自己的需要。这意味着向对方证明你对自己和他们的需要都同样感兴趣。当他们相信这一点时，那每个人的需要就都可能得到满足，正如下面这个案例。

学生们走进教室，告诉校长他们的需要，并用清晰的行动语言表达了38项要求。他们也听取了校长的需要，最后校长同意了他们提出的38项要求。

大约两周后，我接到学区代表的电话，问我是否愿意把我教给这些学生的内容，也教给学校的行政管理人员。

在表达我们的请求时，无论对方是否同意，尊重对方的反应都是非常重要的。对方能给我们最重要的信息之一是"不"或"我不想"，如果我们认真聆听这条信息，会帮助我们理解对方的需要。如果我们聆听其他人的需要，我们会发现，当一个人说"不"，实际上是在说有一个需要没有被我们的策略满足，因此他们无法说"是"，如果我们能教会自己听见"不"背后的需要，我们就会发现一种让每个人的需要都得到满足的可能性。

当然，如果我们听到的只是拒绝的"不"字，或者开始责怪对方说"不"，那么我们不太可能找到满足每个人需要的方法。关键是要在整个过程中，让每个人的注意力，都集中在满足每个人的需要上。

如果创造出了有品质的连结，我对会发生什么非常乐观。如果冲突各方都清楚地知道自己需要什么，听到对方的需要，并能用清晰的行动语言表达自己的策略，那么即使对方说"不"，重点也会回到满足彼此需要上来。如果我们都这么做，我们将很容易找到满足所有人需要的策略。

当无法让双方聚到一起

所以，当你能让人们聚到一起以这样的方式交谈，我会对结果非常乐观。当然，最重要的前提是先让他们聚到一起。近年来，我一直在寻找策略，当我们无法让双方聚到一起时该如何解决冲突。

我非常满意的一个方法是使用录音机。我分别与每一方合作，扮演另一方的角色，比如下面的案例。

一个女人因为和丈夫的冲突向我求助，因为丈夫以殴打她的方式处理愤怒，她非常痛苦。她想让丈夫一起参加会议，谈谈他们之间的冲突，但被拒绝了。当她走进我的办公室时，我说："让我扮演你丈夫的角色。"在这个角色中，我专注地聆听她所说的话，带着尊重地聆听她所表达的感受，尤其是她不被理解和被殴打后的感受。

我聆听的方式有助于她更清楚地表达自己的需要，展现了尊重并理解她的需要。然后在扮演丈夫时，我试着猜测并表达丈夫的需要，请她来倾听我。我们录制了夫妻之间的角色扮演，我扮演丈夫，在我的帮助下，我们清楚地沟通了需要。然后我让她把这段录音带给丈夫听，看他对其做出的反应。

当她把录音带交给她丈夫，他听到我是如何扮演他时，她看到丈夫很欣慰。显然，扮演丈夫的"我"已经准确地猜到了他的需要。他知道我是如何带着同理心扮演他的角色后，终于来了，我们继续努力，直到他们找到除了暴力以外的其他方式来满足他们的需要。

结　论

　　我一直在分享我在解决冲突上的一些观念，展示我认为了解需要的好处，表达需要和聆听对方的需要有多重要，然后寻找策略并用清晰的行动语言做出表达。

　　我希望我分享的内容能帮你们更和谐地解决任何你们与他人的冲突，也能协助你们调解与他人的冲突。我希望它能增强你们对珍贵的沟通之流的觉知，以一种让每个人的需要得到满足的方式来解决冲突。我也希望它能让你们更加意识到沟通带来的可能性，而不必通过胁迫，这种沟通的流动能让我们更加意识到彼此的相互依存。

第二部分
疗愈和解

导　言

　　这部分的内容来源于非暴力沟通创始人马歇尔·卢森堡博士在2002年10月4日举办的一次工作坊（培训）。工作坊的主题关于：如何修复关系，如何利用非暴力沟通的技巧去理解并化解冲突，疗愈我们旧有的伤痛，培育让人满意的关系。

　　书中将为你提供一些步骤，你可以按照这些步骤去治愈或是化解在生活、工作、学校或是所在社群关系中的冲突。它会给你带来同理的能量：在慈悲或是"临在"

的状态下疗愈旧伤痛。非暴力沟通这门技术将为你赋能，让你获得长久的平静，甚至在第一时间帮你预防麻烦的出现。我们可以在作者的带领下，走进这个工作坊，聆听学员与马歇尔之间的对话，充分享受从心聆听或是发自内心的话语所带来的神奇力量。

这个工作坊是以马歇尔博士和学员就某个特定案例所做的对话开始。谈话双方分别为某女学员和某男学员，以及马歇尔博士（马歇尔）。其他所有的讲述都来自马歇尔博士。

角色扮演：化解怨恨

马歇尔：下午好。关于"疗愈与和解"，你希望我分享什么内容来回应你的需要呢？你愿意听我说说吗？或者你是否因为过去的某件事或是某些人受到了伤害，我们可以在现场就这个事件做功课，而不仅仅是泛泛地空谈，你觉得如何？

女学员：我想知道如何克服或化解我对某些人的怨恨。

马歇尔：我用非暴力沟通的方式来扮演那位你怨恨的人怎么样？我是那个你怨恨的人，我会假装这个人生活在非暴力沟通世界中。而你不受限，想怎么讲就怎么讲，如何？游戏规则你都清楚了吗？好吧，那么，请告诉我，我现在要扮演的人是谁？

女学员：我哥哥。

马歇尔：（开始扮演）妹妹，听到你说想要化解我们之间的怨恨，你的勇气真的让我很感动。如果你愿意分享一下现在对我的感受，将是一份给到我的莫大礼物。你只要以你的方式说出发生了什么就可以。

女学员：我和你之间有个实实在在的家庭矛盾。随着父母日渐衰老，你我之间不能以诚相待，让我觉得你这个人不可信，也不可靠。当我想向你寻求帮助或是想要解决这个问题时，你总是不愿意面对。你想要忘记过去。在我们过往的生活中，你一向如此。你总说这都是我的问题。这些让我很生气的事情好像对你来说根本不算什么。

马歇尔：你刚才说了那么多，表达了很多不同的感受，我想确认一下，确保我的理解正确、没有遗漏。我听到了许多愤怒，因为你的很多需要未被满足，尤其是当父母日渐老去时，你希望得到更多的支持。我的理解对吗？

女学员：对的。

马歇尔：所以你真的很希望能够得到理解，面对这件事很难，你非常需要得到支持……可你不仅没有得到你所想要的支持，而且我听到的是我在家庭生活中所做的一些事还给你造成了巨大的伤痛……你很想要我们能做出些不同于以往的决定。

女学员：是的。

马歇尔：是……其实这不是唯一一次你自己的需要不被人重视的经历。我理解得对吗？

女学员：是的。

马歇尔：你希望我带着同理心来聆听你吗？

女学员：是的！你扮演我的哥哥？

马歇尔：是的，我依然会戴着同理的耳朵。我希望听到更多活生生的、仍然留在你内心的声音。

女学员：你说想要修复我们之间的关系，但我现在做不到。我们仍未能解决家庭内部的冲突，我不想再像以前那样生活。

马歇尔：所以我听到你的需要是保护自己，不再让自己像过去那样痛苦，总是在你想要寻求支持并尝试解决问题的时候感到落空，你已经受够了。好像一部分的你很想要听到我的表达，但不是以一种会再次跌倒在从前伤痛里的方式。

女学员：对的，我感觉左右为难，因为在我看来两者都行不通。如果我能够回到过去，于我而言不是愉快的体验，但只是保持距离看起来好像也很别扭。

马歇尔：所以，你非常纠结。你有两个需要：一方面需要我们之间的和解与疗愈；另一方面是你强烈的自我保护需要。你不知道如何同时去满足这两个需要。

女学员：是的。

马歇尔：这真是让人痛苦的一场冲突。

女学员：是的。

马歇尔：别的还有什么，在我对你所说的话做出回应前，你还有什么想要补充的吗？

女学员：没有了。

马歇尔：当我戴着同理的耳朵在听你讲述的时候，我感受到了一股很深很深的悲伤，因为我能看到在我们的关系中，我的所作所为没有能够满足我自己的一些需要：我想要抚慰你，为你的幸福做点贡献。但当我看到我的行为与预期相反，甚至给你造成这么多的痛苦时，我感到深深的悲哀……此刻我感到非常脆弱……我想知道当你听到我的这份悲伤时，你有什么感受？

女学员：你可能与我的感觉一样，左右为难，你也不知道如何在不让自己感觉极度不舒服的情况下来满足我的需要。

马歇尔：我很感谢你能这样想，此刻我真的很想让你听到的是，没有如愿为你的幸福做出贡献，我感到十分难过。

女学员：感谢！

马歇尔：现在，我想要告诉你当我做这些事的时候，内心发生了什么。并且，我想你可能已经预料到了这一点，我尽量把它讲清楚。首先是与父母衰老有关的压力，我没能在你辛苦应对时给到你更多的支持。我的内在告诉我，应该施予援手，而我却没能这样做。我觉得自己就是个窝囊废，因此我内心充满了负疚感，完全同理不到你的痛苦和需要。你对我的请求看起来就像是对我的要求。我感到纠结，我想要提供帮助，但听到要求时我又会感到愤怒。除了逃避，我不知道要如何处理这些感受。我想知道你听我说完后有什么感受。

女学员：嗯，好像是清楚点了。

马歇尔：就像你在与我的关系中受到了一些伤害一样，我也受到了一些伤害，我不知道如何就过去发生的事情做出表达。我真希望知道可以怎样来谈这个话题，可由于我自己内心的伤痛以及不知道如何表达，于是在面对你时，就爆发出来愤怒情绪。我真希望能够用不同的方式表达自己。请告诉我，当你听到我这么说时，你有什么感受吗？

女学员： 很高兴听到你的这些话。

马歇尔： 你有什么特别想让我听到或是想倾诉的，或是想从我这儿听到的话吗？

女学员： 我猜我可能想要知道，如何用一种让我们彼此都感觉舒服的方式来解决这个问题，这样我们都能开始新的阶段。为此，我们得先清理好这个糟糕的局面。我愿意聆听你的心声，让我们之间能有一场敞开的谈话。

马歇尔：（仍在角色扮演中）我有个主意，不如让工作坊录像的工作人员给我拷贝一份录像带作为开始，你感觉怎么样？然后你可以打电话给我并问我如何继续这个谈话，或许在一位第三方的协助下？

女学员：好的，这是个好主意。

马歇尔：好，那我们就这样做！

女学员：谢谢！（角色扮演结束）

对角色扮演的反应

马歇尔：好，大家对这个过程有什么反应吗？有什么问题吗？

女学员：如果没有可能拿到录像带拷贝件，你对这样的情况有什么建议吗？

马歇尔：我想我们完成了她希望得到的一些疗愈，她想要深入处理关系。然而，要获得疗愈并不一定需要另一个人在场。当然，如果能与对方一起来深入处理是很

好的，但我们不需要依赖于另一个人在场来开展对自己
的疗愈。特别是涉及那些已经往生的或者无法再联系到
的人们。幸运的是，我们可以充分地疗愈自己而无须对
方的参与。

男学员：这太重要了！如果与他人发生了冲突，无
法疗愈自己，我们就可以让另一个人用非暴力沟通的方
式来与我做角色扮演。就像你刚才所做的那样，带着同
理心来聆听我的处境。那么，我的提问是，如果我没有
这样的朋友，我如何对自己做功课呢？

马歇尔：是的，我想你对自己作功课。当然最好是
有另外一个这样的人在。那样的力量更强大。对方可以
扮演自己，但没有的话我们自己也能做到。

我先大致介绍下为实现这一目标而采取了哪些行动

步骤。要注意，重要的是我们很少谈论过去。妹妹只是简单地提到了我（哥哥）所做的事，没有深入地谈细节。在过去这些年我发现，当我们谈论过去的事情越多，疗愈发生的概率就越低。我们大多数的谈话都是关于当下的、活生生的体会。我们谈论的是现在，是当事人对于过去发生的事情在这个当下仍然带有的感受。

大多数人都以为，你必须要了解过去才能得到疗愈，或者只有说出你的故事才能被人理解。他们错误地混淆了认知上的理解和同理。疗愈来自同理。告诉别人你过去的经历是想让别人在认知上了解，为什么这个人会有这样或那样的行为，但这不是同理，也不会产生疗愈的效果。事实上，不断地复述过去的故事，只会强化你的痛苦，就像是你又经历了一次同样的伤害。因而，我们不是否定过去，但只是将其作为一种参考和借鉴，不去深挖那些细节。例如，我们无须说："在爸爸生病时，我不得不带妈妈去药店，而当爸爸生病时，你知道的，爸爸……"当一个人说得越多，疗愈就越少。尤其是面对那些令你感受到痛苦的人。他们不会明白你这样做的目的是让痛苦被理解。他们只是会认为你在找他们麻烦、想让他们痛苦。

女学员：我有一种感觉，哥哥并没有向妹妹坦诚地表达一些事情。如果他还是对妹妹有些意见呢？

马歇尔：作为兄妹，最后我说"我感觉有点受伤，不知道就过去发生的事情如何做出表达"。这就是所有你能做的。我说，对于过去发生的事，我至今仍然感觉到很受伤，对此我需要一些理解，但理解并不意味着我要讲这个故事，或者去谈论更多过去的经历。

女学员：对的。

马歇尔：这仅仅意味着我从她的经历中获取的这些讯息，我从她的眼中判断出她听到了。

女学员：好的，好。

疗愈的第一步：带着同理心连结对方

马歇尔：我们首先要记住的是，无论想要疗愈我们自己还是想帮助他人疗愈，都要将焦点放在现在、当下，而不是过去。如果有涉及过去的讨论，能说一个字，就别用两个字：当你跑出了家，当你打我时，等等，语言要尽量精练。

疗愈的第一个阶段涉及，就过去发生的事情，尤其在这个当下的状态进行同理。当我在哥哥的角色中时，我带着同理心来体会妹妹现在的内心状态。这样做包括几个内容。

如同马丁·布伯所说的：一个人能给予另一个人的最宝贵的礼物是"当下的临在"——这是同理连结的第一步。当我扮演哥哥时，在那一刻，我完全与她在那个当下的内心状态同在。我不会去想下一句我要说什么，或者去想过去发生了什么。

要给予这份礼物很难，因为它意味着我们要完全放下过去。我在从前对对方的任何判断都会阻碍同理。这也是为什么我在与心理分析有关的临床培训上是空缺的。这些只是教会我如何坐着，然后用头脑去想对方说的话，以及如何就此做出解释，而非如何与这个人全然地临在（这才是疗愈的真正源头）。要做到全然临在，我必须丢掉所有我的临床培训、所有的心理分析、所有有关人及其发展的已有知识。这些只是给了我在认知方面的理解，却会妨碍我去同理。

　　同理于我而言，感觉就像是冲浪运动，在玩冲浪板时你要尽量感知并顺应海浪的能量，努力聆听当下发出的声音。我总是尝试跟随谈话对方的生命韵律而起伏。有时仅仅是看着地板，相比看着对方能让我体会到更多，我也因而不会被眼前的东西所干扰。

　　女学员：可是，我会深陷在同情里。

同理与同情

  马歇尔：我们先来澄清同理和同情的区别。如果我的内心有特别强烈的感受，就要觉知这是同情而非同理。因此，如果当我在哥哥的角色中这样说，"天哪，你这么说我感觉好难过"，这就是同情，不是同理。回想你的身体感觉到疼痛（或许是头痛或牙痛）的某个时刻，而你又被一本好书吸引，你的疼痛会怎么样？你会觉知不到疼痛。即使疼痛在那里，我指的是你的身体状况并没有改变，但你并没有待在身体的这个家里，而是外出探访去了：这就是同理。你去探访那本书了。

同理的时候，我们与对方同在。但这并不意味着要对他们的感受感同身受。我们要做的是当对方在体会自己的感受时，我们与他们同在那个当下。如果我将自己的心从这个人身上移开哪怕一秒，我可能就会注意到自己所带有的强烈感受。如果是这样，我不会尝试去压抑我的感受，这些感受是在告诉我并没有与对方同在。因而我会对自己说"回去和对方在一起吧"。

然而，如果我的痛苦强烈到无法同理，我可以说"听到你说的这些话，此刻我感到很痛苦，没有办法聆听到你说的话。你能给我点时间去处理下自己的情绪，一会儿再回来接着听你说吗？"

不混淆同情与同理很重要，因为当一个人在痛苦中时，如果我说"哦，我理解你的感受并且为此很难过"，我是将他们与自己连结的注意力拉了回来，放在了我的身上。

　　有时，我会说这样一句话，同理要我们"学习如何
享受他人的痛苦"，这让很多人对非暴力沟通的这部分有
所讨厌。那么，我为什么要说这样让人反感的话呢？这
是因为曾经有一次当我去圣地亚哥时，一位朋友打电话
给我说："马歇尔，过来和我的痛苦玩耍一下吧。"她知道
我能明白她的意思。她患有一种让人极其疼痛的致命疾
病，她曾告诉我说，处理其他人在听说她的痛苦后的反
应让她更加痛苦。他们的反应是基于善良的同情心，却
给她造成了困扰，她不得不花精力去处理他们的痛苦。
与其这样，还不如让自己安静地与痛苦独处。因此，她
说："知道我为什么打电话给你吗？因为你这个人比较冷
酷，你就是一个令人讨厌的坏蛋。我知道我可以向你倾
诉，除了你自己，你不会关心任何人的死活。"

　　她知道，我能懂她的"非暴力沟通口语"，她也知道，我将其他人所正在经历的痛苦或是欢乐视为一种享受，并以某种方式和之同在，这是非常宝贵的。当然，我很希望对方体验到的都是喜乐，但能和他们在当下所体验到的任何感受连结在一起，却是珍贵的。这就是这位朋友所说的"和我的痛苦玩耍一下吧"。

　　男学员：你如何保持临在的状态并消除所有这些感受呢？

在面对强烈感受时保持临在

马歇尔：我不知道如何能全程保持这种状态。我曾试图与一位来自阿尔及利亚的女性工作，她希望能从我这里获得一些疗愈。这位女士曾经遭遇特别恐怖的事件，极端分子将她拖到室外，让她亲眼观看自己的好朋友被拖在汽车后面惨死的全过程，然后又把她拖回房间，在她的父母面前强暴了她。他们原来计划第二天返回后杀死她，但她打了一个电话，向我的一位在日内瓦的朋友求救，在朋友们的帮助下，她在半夜成功逃离。

接到朋友的电话时我正住在瑞士，他问我："马歇尔，你能帮这位女士做些创伤疗愈工作吗？"他向我讲述了她的遭遇。我说："我这几天白天有培训，你们可以在晚上带她过来。"朋友回复说："马歇尔，现在有个问题。我们大致给她介绍了一下治疗的方式，你会扮演施暴方，她害怕自己会忍不住杀了你。"我说："你有说我只是角色扮演，而不是现实中的施暴者吗？"他们说："说了啊，她也表示理解。但她说：'即使如此，只要一想到那个人，我就恨不得立即杀死他，我知道我一定会这么做。'而且马歇尔，你要知道她是个体形高大的女性儿。"

我向他们的提醒表达了感谢，然后说："这样吧，我可能需要一名翻译和我一起待在房间里。房间里有另外一个人在，可能会让她更有安全感。我找到参加培训的一位来自卢旺达的学员，确认在经历了疗愈后这样的情况不会吓到他。请你问一下这位女士，如果房间中还会有另一位来自卢旺达的男性，会在治疗过程中在我需要的时候给我提供一些协助，这样她是否会感觉安全？"这些就是让这位女士来到我这里的情况。

现在，我来回答一下你的问题：在聆听这位女士讲述她的痛苦、她所遭受的巨大折磨的过程中，我有两次不得不喊出"暂停，暂停，我需要点时间"。我不得不回到大堂，和我自己做些工作后才能回到房间。我没办法"回"到她的身边，那时我唯一想做的就是找到那些人，用我的"底特律疗法"① 来对付他们。我用了20分钟左右的时间安顿好自己后，才回到她身边。

我想表达的是，有的时候我自己也会感受到极大的痛苦，以至于无法做到像我期望的那样，保持全然的临

——————————
① 审校注：马歇尔博士自述小时候在底特律的经历是在暴力面前要以牙还牙。

在。但我不认为这是个大问题，其他人通常是能理解的。

男学员：马歇尔，你认为有时候与他人分享自己的痛苦会有帮助吗？

马歇尔：是，我时常这么做。我对另一个人说："我现在如此难过，实在没有办法听到你。你想要听听我这里发生了什么吗？还是你自己也感受到十分痛苦呢？"不少时候人们会想要来听我说，并且也能这么做。所以这是另一种选择。而在这个案例中，由于她哭叫得很厉害，我不认为她有必要来面对我的感受。

男学员：这非常有帮助。

同理的步骤

马歇尔：我们再回来说说同理的步骤。首先，同理需要当下的临在，要把焦点放在对方当时的感受和需要上。接着，你需要与对方确认，确保你连结上了对方的感受和需要。这两个步骤也可以不用语言来呈现，只须充分的临在，将你的注意力放在对方的感受和需要上。

我们也可以通过语言说出你所感知到的对方的感受和需要来确认是否理解了对方。要记住我们的意图是要创造同理,而不是去机械地实践技术。之所以用语言说出我们的理解,原因之一是确保我们与对方之间建立了连结。我们不想让对方以为我们在用什么技术在对付他们。因此,当我们用这种方式确认时,要让他们明白我们有些不确定是否和他们有了充分的连结,并且我们想要确认他们的真实状态是怎样的。

即使非常自信认为听到了他们的表达,我们还需要与对方核实的另一种情况是,当我们感觉到他们在表达时处于十分脆弱的状态中,我们可以猜测一下,如果自己在这样的情形下,我们是否也特别渴望能够得到一些确认,知道自己是能被理解的。只有在这两种情形下,我们会用语言,而非静默的方式来表达出同理。

马歇尔:我最近在丹麦与一位内心饱受痛苦的女士工作。至少20分钟过去了,她将她的伤痛描述得非常清晰且毫无掩饰，所以我很容易地能够听到她的心声。我认为没有用语言和她确认的必要，所以就静默地坐了20分钟。在这20分钟结束时，她跳起来抱住我说："谢谢你的同理，马歇尔。"我根本一句话也没说过。我只是全程与她在一起，并且她也能感觉到，即使没有任何言语。

女学员：所以，在同理的时候，你自己是放空的，而你的内在充满了对方。

马歇尔：同理是我完全与他们在一起，而不是被他们填满，那是同情。同理的第三步是，与对方同在，直到收到他们表示结束了的信号。我们要注意，人们一开始对我们说的一两句话往往只是冰山一角：我们还没有触达底部。来帮助我们确认同理的过程已经完成的信号有这么几个。一个信号是你可以从他们身上感受到轻松和释然：同理让人感觉舒服，因此如果有人获得了自己所需要的同理，你能感觉到他们变得放松与释然，你也能在自己的身体上有所感受，其他在一个房间的人们也能如此感受到。另一个信号就是他们会停止说话。

如果无法感受到释然，第四步就无法开展。在同理的过程中，如果每一次对方在我表达了同理后就巴拉巴拉地说个不停，这意味着他们需要得到更多的同理。但如果这个时候我感觉对方的压力得到释放和缓解，如果能看到对方停下了说话，这很可能意味着对方已经获得了所需要的同理。但我总是喜欢再加一层确认："你还有想说的吗？"我的经验是，将我的注意力从他人身上转移到我这里的进程要十分缓慢。再次确认也没有什么坏处。

知道为何这么做的人会明白我是在尝试与他们建立

连结与同理，这时他们会说"完成了"。但大多数人不会这么回应。

大多数时间，即使在同理之后，对方会有一些额外的需要。那么，我们的第五步就是去同理"被同理后"所提出的请求——他们还想要的。或许会是有关于在听了他们的分享后我们的感受，尤其是当他们在那时处于十分脆弱的状态中。

想要知道你的表达会对对方产生什么样的影响可谓是人之常情。但很多人不知道如何来询问。因而，在同理之后，当看见对方看着我时，我通常会问："你想要听听我在听你说完之后的感受吗？"有时他们会想要这样，但有时也并不想要这样。

除了了解同理聆听者的感受，有时"被同理后"的请求会涉及如何更好地满足需要的建议。然而，有关于给孩子提建议这件事，一定要记住，除非这份请求是书面信且由律师签字，否则永远不要给建议。至少确认三次他们是否想听到你的建议，因为我的第一反应通常是跳过同理直接给出建议。

回顾疗愈的第一步：同理

马歇尔：我们从我扮演哥哥开始，同理倾听了妹妹的伤痛。与她同在时，我感知到她希望听到确认，所以大多数时间我都会用语言与她核实。我尝试全然地与她的感受和需要在一起。请注意，我是在扮演哥哥的角色中做了这些：为什么我没有作为马歇尔本人来做这些？我想任何一个同理她的人都能帮助她疗愈。然而，在过去的那么多年，我发现，越是接近真实，同理越能发挥更大的力量。以此个案为例，如果哥哥在，那么我会协助他直接同理倾听妹妹。但今天哥哥缺席，所以由我来扮演哥哥这个角色。

　　总体来说，疗愈的第一步是让当事人得到他/她需要的同理倾听。可以有三种方式：你作为第三方同理倾听当事人，角色扮演对方，或者直接由对方本人来同理倾听当事人。

疗愈的第二步：非暴力沟通中的哀悼

马歇尔：疗愈过程的第二步，我们称之为"哀悼"。在哥哥的角色中，我在同理倾听后进行了哀悼。内容大致是这样的："妹妹，当我看到我的行为对你造成伤害和痛苦后，我感觉很难过。我的行为与我想要给你支持的初心完全背离了。"

这部分的核心在于区别哀悼与道歉的不同。我认为道歉是一种非常暴力的行为，不论是对接收道歉的一方还是表达道歉的一方。更为悲剧性的是，由于我们的文化痴迷于让对方因为其行为感受痛苦并且自我憎恨，我们通常喜欢听到道歉。而我看到的事实是，如果人们体验到了真诚的哀悼，就不会想要道歉或是得到道歉。

让我们再仔细看下哀悼与道歉的区别。道歉是基于道德评判，也就是说我做错了，所以理应受苦甚至是自我仇恨。但哀悼完全不一样，它不是基于道德评判，而是服务生命的判断。我满足自己的需要了吗？如果没有，是什么需要没有满足？

当我们与自己未满足的需要连结时，才不会有那种认为自己做错时产生的羞耻感、内疚感、自我愤怒或压抑。我们会感受到难过，有种深深的悲哀，有时还会产生挫败感，但绝不会是压抑、内疚，愤怒或是羞耻感。这四种感受都是在告诉我们，我们正在对自己做出道德评判。愤怒、压抑、内疚或是羞耻都是想法的产物，其根基都在于我们在地球上创造出的暴力。同时当产生这些感受时我也会高兴，因为它们是在提醒我，我所认同的想法正在支持着地球上的暴力，所以我希望能尽快地转变我的思维方式。

陷入困境

女学员：在你的工作中是否遇到过哀悼后仍然没有办法完成疗愈的情况？

马歇尔：没有，让我们陷入困境的通常是道德评判与想法。我很喜欢人类学家厄内斯特·贝克尔在著作《精神病学的革命》中所写下的内容，他赞同一位精神病学家托马斯·萨斯所说的"精神性疾病"是一个悲剧性的隐喻。他以一种不同的方式来看待这个现象。贝克尔对抑郁的定义与将人陷入困境的想法，并且无法从中摆脱进行了关联："我们的认知阻碍了可能性，因而产生了抑郁。"他的意思是，我们的思维阻碍了我们去觉知自己的需要，以及有能力进一步采取行动去满足我们的需要。

　　我们以他人在实践"哀悼"过程中遇到的问题为例。如果在哀悼的过程中，这个人总是想着："我是个可怜的家长。如果我当时用另一种方式对待孩子，那他就不会离开家，不会在火车上被人杀死，就不会永远地离开我……我早该想到这些啊，我有什么毛病，我真是个糟糕透顶的家长……"你明白了吧。这个人可以这样年复一年继续下去，永不放弃这些想法。但这不是哀悼，这是让自己陷入道德评判、"本该"的想法困境中。这样毫无帮助。"我这个人太糟糕了"是一种让我们陷入困境的静态思维方式。

女学员：你能不能再复述下刚才的引文并做些解释?

马歇尔："我们的认知阻碍了可能性，因而产生了抑郁"，用我的话来翻译，就是我们的思维方式让我们与自己的需要失去了连结（也无法采取行动去满足需要），我们困在了自己的想法中。

我再举个例子。我会与一些抑郁严重的人群工作，他们会被贴上"躁郁症"和"抑郁症"的标签。他们会低落地坐在那儿，想着："噢，我不想活了。"如果我使用非暴力沟通的同理语言，就会这样问他们："你能告诉我，你的什么需要没有得到满足吗？"他们会回答我："我真是一个糟糕的错误。"我询问了他们的需要，而他们回答我的却是诸如"我是一个糟糕的朋友"这类看待自己的想法。

马歇尔：如果我们拿自己和别人比较，也会陷入困境。比如："我妹妹比我小两岁，但她已经是公司的一名管理人员了。看看我自己还只是名小小的助理主管。"我的心情可能立即变得不好了。

如果你爱拿自己和别人比较，你一定读过丹·格林伯格的书《如何让自己痛苦》。书中有一章教导我们，如果你不知道如何让自己抑郁，那不妨拿自己和别人比较。如果你不知道怎么做，别担心，书中会教你如何做练习。书中有一页上放了张一男一女的照片，按照现代审美标准，可称得上是英俊和美丽。照片上标明了他们的身材比例和尺寸。格林伯格的练习是：测量你的尺寸，将此数据与这些俊男靓女进行比较，并想着你们之间的差异。我保证，做完这个练习后，你会从一开始的开心变得异常郁闷。

作者仍不罢休。本来做完这个练习，你已经足够郁闷了，翻到书的下一页，他说："刚才的练习只是一个热身，这个比较不重要，因为我们都知道只是比较外貌是肤浅的。现在让我们在一些重要的维度上与他人进行比较。比如我会从电话簿中随机抽取一些人让你就现阶段所取得的成就与他们作比较。我采访了这些人，询问他们取得了什么成就，然后你自己去比较。"他从电话簿里找到的第一个人是莫扎特。我对历史了解不多，但我认为莫扎特不可能会有电话，所以我不完全相信格林伯格，不过总之他提到了莫扎特如何写了好多首流传几世纪的音乐杰作，等等。

女学员：莫扎特从五岁开始就会作曲了。

马歇尔：从他五岁开始。现在将你现阶段中所取得的成就与莫扎特在五岁时所取得的成就进行比较，你会看到与他人比较无法给到你任何好处。你可以一直比较下去，永无出路。而这样的思想会在学校灌输给学生，会得到抗抑郁药制造商的支持。你越是这样想，他们的生意就越好。

疗愈的最后阶段：承认过去的需要和反向同理

马歇尔：让我们简要回顾一下刚才演示的不同阶段。第一阶段，我在哥哥的角色中，妹妹得到了我的同理倾听。第二阶段，我，作为哥哥，表达了哀悼而不是道歉，这要意识到我的需要没有得到满足。我还表达了当需要得不到满足时的感受。

在疗愈过程的第三阶段中，哥哥告诉妹妹，当他做了那件事的时候，他内心经历了什么。于是，作为哥哥，我对她说："我真的很想告诉你，当我在做那件事时我的状态。我脑子里听到从外面传来这些话，告诉我应该帮助你。请理解，妹妹，我不是说是你说出了这些话，而是我在内心将这些话听作对我的要求。这让我感到纠结：我想帮助你，同时，听到来自内心与外在的'应该'时，我的自主受到了威胁。"

在第四阶段中，我们可以尝试下反向同理。在疗愈过程的最后一个阶段，尝试同理倾听那些触发他人痛苦的人。非常重要的是，感受到痛苦的一方只有在准备好去同理触发者时才来开展这一步。许多身处痛苦中的人告诉我，他们总是听人说："你应该要去同理对方。如果这样，你就会感觉好受些。"的确，我认为，如果我们能够同理倾听诸如强暴我们的人在当时正在经历什么，那么我们的疗愈会是深刻的。但是，前提是充分获得自己所需要的同理，否则这便是进一步的施暴。

再举一个例子，我们再回到之前我提到的那位阿尔及利亚女人，回到我扮演另一个人的角色，表达我（他）在严重地侵犯她时，我（他）的内在经历了什么状况。她曾两次对我尖叫，"你怎么能这么做？"她问我"怎么能！"因为人们如此渴望搞明白。但每次她这么说时，我都能看出她的内心依然还饱受巨大的痛苦，在这种状态下，她听不见我的表达，更不要说来同理聆听我。

进入疗愈过程的最后两个阶段需要非常缓慢。我会确保对方首先得到了他们需要的同理倾听。因而我会说，"我会告诉你的，但首先我想确定你是不是完全被理解了。"当这一切结束时，这位女士、任何人，通常会希望来同理我——伤害过他们的那个人。

过程与机械做法

男学员：我曾经尝试过与另一个人来练习非暴力沟通。十分困扰我的是，当我尝试这样做时，另一个也在练习同理的人会说："好吧，你没有表达你的感受"或者"你没有……"也许刚开始练习时有一点机械，但我们在使用过程中，能不能更自然点啊？如果跳过了某一步，我希望自己能有这样的自由。例如，你说在同理之后要哀悼。如果我严格按照程序并认为要按部就班地完成每一个步骤，那么当我不想要"哀悼"却这样做时就是在假装，我认为这与你提倡的建立连结完全背道而驰。我需要提醒自己，这个技术非常管用，但如果无法真实呈现当下的感受，它对我来说可能不大适用。

马歇尔：我非常喜欢你说的这点。曾经有一位来自瑞士苏黎世的女士也用有些不同的方式这样表达过。她来过我的一个工作坊，看见我与一对夫妻的工作——这对长期处于冲突状态下的夫妻，在以同理的方式相互连结后发生的变化。在放下敌人形象并且真正听见彼此的心声后，她感受到了在他们脸上散发出了美丽的能量。而在那之前，他们经历了约有15年的痛苦冲突。

一年后，这位来自瑞士苏黎世的女士回来了，她说："你知道吗？马歇尔，自从那一年我来过你的工作坊后，每当遇到困难时，我的脑海总是浮现那对夫妻在同理连结后所露出的面容。"她接着说，"这时，即使在以一种伤人或具有伤害性的方式说话，我仍然在做非暴力沟通。"

你看，就像你现在这样。流程只有在能以特定的方式支持到我们连结才是有所帮助的。如果过于拘泥于流程，甚至将此视作唯一目标，我们就迷失在了非暴力沟通的过程中。

这是我们在非暴力沟通培训中最难的一种情况，因为人们会说，之所以喜欢我们的培训，原因之一是能帮助他们用一种具体的方式，将他们一直相信的东西呈现出来。人们喜欢非暴力沟通是因为它的呈现方式很具体，但当它成为一个要我们做对的目标时，这种具体呈现则会成为某种劣势。

慢工出细活

女学员：我在工作和生活中一直努力让身体和关系慢下来，让我在面对自己、他人和生活时能临在当下。看到你一直在各地做非暴力沟通的工作，我想知道你是不是真的一直都可以这么慢下来以及是怎么样一步步做到让自己慢下来的，这会对我有启发和帮助。

马歇尔："在永无休止的忙碌中，对我来说最重要的是学会如何选择使用'慢慢来'这三个字。这也是在过去40年里我对自己说得最多的三个字。"这三个字所赋予人的力量，源于主动选择背后的精神，而非人被编程设定后的被动接受。

在我的冥想素材中，有一张充满力量感的图片提醒我要记得慢下来。我有一位来自以色列的朋友，非常积极地把在巴以冲突中失去了孩子的以色列人和巴勒斯坦人组织起来，让他们做些事情来缓解丧子之痛。其中，有一位父亲写了一本书来纪念他被杀的儿子，就这样他将痛苦的能量转向了不同的方向。他将书赠予了我，虽然看不懂希伯来语的书，但仍然很高兴他送我的这份礼物，因为打开第一页就是他儿子在黎巴嫩战争中被杀前的最后一张照片，在他的T恤上写着："慢慢来。"

我问这位孩子的父亲是否有大尺寸的照片，我想用这张图片来提醒自己记住这三个字，同时与他分享了为什么这三个字对我如此重要。这位朋友说："哦，马歇尔，我也有话要和你分享，或许能让这三个字更加有能量。我曾前去问我儿子的指挥官，'你为什么要派我的孩子去战场？你难道不知道谁去了都会丧命吗？'指挥官说，'我们忘记了要慢慢来。'这就是为什么我将儿子的照片放在书里。"

能够慢下来，出于选择而非被内在编程设定的能量来行动，这对我至关重要。我相信我们本该如此。

这位以色列朋友又说："马歇尔，我再送你一首以色列诗人的诗，他和你一样也被这张照片所感染。"诗的开头是："慢慢来，你知道的，时间属于你。"我还得继续努力，因为正如下文中我的爱人所指出的那样，我时常会忘记这一点并且再次陷入忙碌。

同理倾听那些会伤害你的人

女学员：我听你说过，如果孩子们能够同理那些想要殴打他们的人，就很有可能躲过这一劫。我猜这也适用于成年人吧。你有什么建议或是急救话术让孩子们在那样的时候躲避危险吗？

马歇尔：是的。我们教他们的第一件事是，当爸爸生气时，千万不要在他面前说"但是"。当爸爸说："你为什么这么做？"不要回答："但是，爸爸……"永远不要解释。取而代之的是，尽快把你的注意力放在对方的感受和需要上。你要意识到他们并没有生你的气，你也没有让他们生气。但你可以去聆听他们的愤怒，他们的内心有怎样的需要没有得到满足。

我们要不断地练习、练习再练习。从理论上讲是一回事，但要做到在有人要打你时，带着同理心与对方在当下的状态连结，又是另一回事。我们曾教警察如何在危险的情况下使用同理心。大量研究表明，在应对暴力分子时，相比用武器的警察，用同理心来武装自己的警察的生还比例要高。然而，让孩子们这样做（同理会伤害他们的人）的挑战更为艰巨，所以我们需要让孩子们得到许多练习。

如果你身边有这样的家长，他们认为自己永远知道什么是对，并且认为如果其他人错了就应该为此受到惩罚，那么你也很有可能会殴打自己的孩子。在我们与家长取得联系之前，我们能教给孩子们最好的自卫方法就是同理连结。

处理自己的愤怒行为

男学员：在面对另一个人的暴力行为，你做了所有能做的沟通和能做的事，直到你感到自己已经到了爆发的临界点时，这时你可以怎么办呢？比如当遇到交通大阻塞，而你正要去机场或者遇到类似状况……

马歇尔：如果你在我今晚离开这里时跟着我，从现在起直到我抵达圣巴巴拉，你可能会看到20种这样的情况。我的爱人已经睡下了，否则她会向你证实我所言不虚。

男学员：你已经经历了整个过程，让自己的心静下来并且做了所有的这些事……

马歇尔：是的。如今，我的痛苦时长是30秒而非3小时，但我还是会被触发。你看，有一类可恶的暴力与邪恶分子叫作"行动不够快的人"。当我终于通过了排队买票的队伍，想坐下来放松一下，这类遍布整个地球的坏蛋们，他们的存在仿佛就是为了激怒我，是一个专门来测试我是否有耐心待在非暴力沟通中的国际阴谋……

男学员：那么，你是不是会发展出一项窍门或者一种与众不同的小技巧？你会数到10还是……

马歇尔：不，我的愤怒是有价值的。愤怒是一种祝福。当生气的时候，我知道自己需要慢下来，看看我正在对自己说些什么。翻译那些让我生气的评判，并与我的需要建立连结。

男学员： 那么，你认为愤怒在某些情况下是合理的？

马歇尔： 疏离生命、引发暴力的想法导致愤怒，从这个意义上，愤怒总是说得通的。愤怒不是问题，问题在于我们生气时的想法。

男学员： 你会用怎样的过程来处理愤怒呢？

马歇尔： 我会慢下来、花些时间享受头脑中上演的评判大戏。我不会告诉自己"不应该"那样想。这样只会强化并延续它。我不会说这是错的。我不会像某次大声说出评判的想法时，用儿子对我说的话告诉自己："你在满世界教人怎样沟通？"我也试着不对自己说："我认为这是不合理的。"我只是看到它，连结它背后的需要，同理聆听自己。在这个道德评判的想法背后，我听见了我的需要。

以排队为例，因为希望队伍前进的速度更快，我可能会感到恼怒。但在我排队的10分钟内，我不想再为我的心脏增添额外的压力。（顺便提一下，在医学领域中，Ａ型思维，就是我称之为的"道德或评判思维"与心脏疾病高度相关。）所以，我宁愿把我的心脏脏博跳动放慢到每秒30次左右，而不是在排那10分钟的队伍时对着前面这个用了许多时间与售票员说话的人生气——这些人不知道还有人在后面排队吗？——我可以像这样抨击我的心脏，抑或去选择转化恼怒情绪——在这10分钟里，我能做什么？也许可以在排队时读些东西。

男学员：最终的目标是让自己不被扰乱吗？这是你最终希望自己到达的地方吗？

马歇尔：最终的目标是在生命中尽可能多地待在如诗人鲁米所说的那个"超越对与错的地方"。

学会与难相处的人打交道

男学员：除了对与错，我认为基于我们自己的教养、个人习惯等，每个人都有自己的制约，会对有些人产生某种化学反应，对某些人开放而对其他人保持距离。我在面对与自己非常不同的人时，很难做到真正开放并展现温暖。我并不是说这一定是种族主义，也指面对不同的人、不同的习性、不同的做事方式，所以我很困惑要如何真正发展出更多的宽容。而在这个政治正确的社会里，成天说着我们应该宽容，要做到就更难了。

马歇尔：首先，丢掉"应该"这个词。只要认为自己"应该"做什么，我们就会心生抗拒，哪怕是面对非常喜欢的事情。无论是从内在还是外在听到"应该"，都会让你失去做这件事可能产生的乐趣。我努力不带着"应该"做任何事，而是听从约瑟夫·坎贝尔的建议。在研究比较宗教和神话43年后，坎贝尔这样道来："你知道吗，在做了大量研究之后，我惊讶地发现，所有宗教都在说：不要做任何不好玩的事。"

"追随你的狂喜"，是他以另一种方式来表达"不要做任何不好玩的事"，带着如何让世界变得有趣和有助于学习的能量来做事。

让我们来简单谈谈"宽容"。有很多人是我无法忍受的，但他们恰恰是我最好的导师。他们让我了解自己身上发生了什么，因而妨碍了我看到他们身上的神圣能量。

我想从任何让我无法连结到那种能量的事情中有所学习。幸运的是，我有很多无法忍受的人，所以还有很多学习的机会。我会练习，我会问："这个人做了什么，触发了我对他们的评判？"首先，我试图看清楚他们的行为。其次，意识到自己是如何评判那个让我如此愤怒的人。其次是看到我的评判背后我有哪些与这个人有关的需要没有得到满足，并试着同理自己，去理解我与其相关而没有得到满足的需要。最后，我对自己说："当那个人做了我不喜欢的事情时，他们想满足什么样的个人需要？"我试着去同理当他们这么做的时候内在的鲜活生命。

当我这样来练习时，这些我无法忍受的人就成了我最好的非暴力沟通老师。

对母亲的愤怒——角色扮演

男学员：你愿意帮助我疗愈和我母亲的关系吗？我将在感恩节时探望她。

马歇尔：那就开始角色扮演吧。我扮演你的妈妈，你就做你自己。（角色扮演开始）好吧，孩子，现在我戴上同理心的耳朵，很想听听你内在在经历什么，使得你在与我一起的时候难以全然地感到愉快。

男学员：我从哪里开始？

马歇尔：哦，真好，看来我能了解到的情况有很多。

男学员：我感到十分挫败、愤怒和沮丧，我对你的消极态度感到绝望，你总是对世界、对我、对生活、对政府持批评态度。让我生气的是，你把这个世界描绘成一个可怕的地方，然后这样告诉我和我的姐妹们。

马歇尔：让我看看能不能理解你。我听到两个重要的方面。首先，如果我没听错的话，你希望我能理解，当我陷入痛苦的时候，作为与我待在一起的孩子你也非常痛苦……你不得不面对我的痛苦，这让你时常处于压力中。

男学员：是的。

马歇尔：然后我听到的第二点是，你希望我能够理解，由于长期生活在这样的环境里，你承受着巨大的痛苦，你不想因为我自己看待事物的方式遭受那么多的痛苦。

男学员：部分准确。我之所以生气，是因为我不得不在内心自我斗争，来保护自己选择的能力、以自己想要的方式来看待事物。

马歇尔：你想要活在一个与我所描绘的不同的世界中，如果那样可以不用那么辛苦，那该有多好啊。

男学员：是的。

马歇尔：你多想生活在那样一个不同的世界里，当你发现自己不得不待在我为你勾画的世界，并且因此而消耗如此多的能量时，你感觉很悲伤。

男学员： 是的，听起来像是我在责怪你，但这就是我现在的处境。

马歇尔： 孩子，我没有听到责备。我在用我的非暴力沟通耳朵聆听你，我听到的只有美好。

男学员： 我很生气，你带着这么多的痛苦以至于你表现出来的也全都是苦痛。你不会说"我很痛苦，但你不必是这样的"。我很生气，因为我没有从你那儿得到任何鼓励，让我选择一种不同的方式来看待世界。当我真的以一种不同的方式来呈现自己时，你就会感到受到威胁，然后试图贬低和轻视我看待问题的视角。

马歇尔： 我想回应一下你说的，看看我的理解是否能让你对所发生的事情感到好受些。你希望当我处于痛苦中时能告诉你："嘿，这只是我对世界的看法，我没有鼓励你也这样看哦。"而不是以一种听上去世界就是这样的方式，让当时还是孩子的你内化了这一切。正是因为这样，让你生活在自己所选择的而非我所描述的世界里是那么艰难。

男学员：是的。和你在一起的时候，我就会再次回到孩子的状态。我没有办法拥有我需要的距离感，让自己告诉自己："啊，那只是我的妈妈而已，而……"

马歇尔：是的。

男学员：当听到你在说自己的感受时，我依然感到自己的自主性受到了威胁。

马歇尔：是的，当你听到这些感受时，你就与你想要的世界失去了连结，进入了我为你描绘的这个世界。

男学员：是的。我感到焦虑，因为我要在感恩节去看你，过去与你相处的模式已经内化成一种自动反应机制，比如上下点头；当我非常生气的时候仍会假装倾听，实际上我的灵魂已经离开了我的身体；我太害怕表达我的真实感受，我担心我会再次这样做。

马歇尔：是的。

男学员：而且我担心如果真的跟你说实话，我会因为有这些感受而受到你的批评。

马歇尔：你讨厌处在这样的境地，你能想到的只有两种选择：隐藏真实的自己，或者因为自己的诚实惹来更多的麻烦。你很希望我们之间除了这样的相处模式还能有其他方面的连结。

男学员：是啊！我很担心，一部分的我是那么受伤以至于想让你为此而感到羞愧并且将错误归咎于你。

马歇尔：你内心承受着如此强烈的痛苦，对于你为此付出的代价，你是那么迫切地想要得到理解。

男学员：是的，是啊！不过，最让我害怕的并不是说真话和惹麻烦，因为我已经很擅长应付这些了。我讨厌自己好像被突然冻住并且灵魂出窍的状态。

马歇尔：是的。

男学员：以及没法好好关爱自己，并且不再表达自己，我担心这样的倾向会越来越严重。

马歇尔：所以，想到说实话以及不得不收拾残局，尽管会让你感到不舒服，并且这样做也会令你感到害怕，但这比继续隐藏自己以及不再自我表达的毒性要小。

男学员： 每当你无法忍受我表达自己的感受时，就会说我"太敏感"和"过度敏感"。面对这些我内化了的标签，我感到十分痛苦。

马歇尔： 是的，是的，是的。你希望能在听到我说这些话以及我的痛苦时，听不到针对你的批评，听到我这样的表达对你来说真的很辛苦。

男学员： 是的。

马歇尔： 在我回应之前，你还有什么想要说给我听的吗？

男学员：我真的很担心自己的内心有那么多的痛苦，因而想要让你为对我所做的事感到羞耻并且将错误归咎于你。

马歇尔：是的，你内心的痛苦是如此强烈，需要把它们发泄出来，但你担心，自己发泄的唯一方式却可能让我们彼此更加疏远，而这又不是你想要的。但你确实希望能够摆脱并且面对这种痛苦。

男学员：是的，我担心自己会用头脑来处理。我希望我能得到允许，一种心灵上的允许，我可以大声叫出来、可以跺脚而不用说任何话。我想让我的痛苦被真正地听见，因为我们很容易被头脑所控，我讨厌这样。

马歇尔：是的。所以，你想要确认，在使用语言的时候，我们能真正与生命能量有所连结，而不是疏离生命。

而此刻似乎除了尖叫和跺脚，你很难想到有任何语言可
以让你把所有的痛苦都发泄出来。

男学员：还有一部分的我很想回家，弥补小时候在家
庭中未能获得的滋养，却又担心在这个家里想要满足这
样的需要不太现实。

马歇尔：所以，你要的不仅仅是化解所有这些痛苦，
你梦想着拥有抚慰的关系、感觉你被重视、享受我们彼
此在一起的时光。而这梦想对于饱受痛苦的你来说似乎
太遥远了，很难想象我们如何能真正相互抚慰。

男学员：啊，说实话，很难想象你能给出抚慰，因为
你总是陷入自己的痛苦无法自拔。

马歇尔：是的。很难想象。在我回应之前，你还有什

么想要说给我听的吗？

男学员：你知道吗，如果你说你有多恨总统，即使我同意你的观点，我也不想听，我宁愿朝你的脸上捶一拳。

马歇尔：所以，不管我在说什么，无论是总统还是其他什么，只要看到我痛苦的样子，你自己也会变得痛苦不堪，你不想再继续待在这样的处境中。

男学员：从理智上来说，我不知道为什么，但只要听到你发泄对他人的评判，我就会怒火中烧：我不想成为你的垃圾桶。如果能看到你带着同理心来释放痛苦，可能一切就会是不一样的状态，可是……

马歇尔：你受够了必须要处理自己的痛苦，却又不知道该怎么做，随即变得情绪低落。你想从关系里拥有其他的东西，而不只是扮演某个角色。

男学员：是的。

马歇尔：你不得不听我说话，并且还要让我感到好受。

男学员：啊，我希望能找到享受关系的办法。你知道吗，相较于听朋友在评判，听你的评判时就像是我俩在开一场互相伤害的派对，而我之所以缺席，是因为我的内在有个强烈的声音告诉我这是我的责任。

马歇尔：你意识到有一部分的问题在于，你会对自己说"得由你来解决我的问题，因为你是我的妈妈。"但是，你也希望我看到，我说的一些话和做的一些事情会激发这样的想法。

男学员：是的，我多么希望你对我说："你知道吗，我感到痛苦，想发泄一下，我能请你听一听我的话吗？"先征得我的许可，这样可以满足我对尊重的需要。

马歇尔：好的。现在我想要回应一下。你愿意听我说，还是想让我再多听听你的话？

男学员：我想说的还有很多，但我觉得现在听你讲话也没有问题。

马歇尔：好，我好欣慰你没有放弃我们的关系，还在努力想办法，不只是让关系维系下去还能抚慰到彼此。而我相信你几乎就要放弃了。我实在不知道可以如何让你知道这是多么美好的一份礼物，哪怕饱受苦痛，你仍然在寻找希望，能寻找让我们学会相互抚慰的闪烁微光。

男学员：我不确信自己是否心怀这样的希望，但我知道如果我在这方面多努力一点，我与其他女性能更容易建立良好的关系。

马歇尔：所以，即使你无法想象从我这里得到抚慰，但至少希望能与其他女性建立有滋养的关系。你的话引发了我许多心里话想要对你说。但此刻，看到我处理自身痛苦的方式却没能满足我生命中最看重的一个需要——为你带来抚慰，我感到极度的悲伤。并且，意识到我不仅没有以我原本希望的方式照料你，还触发了你如此多的痛苦，我实在不敢去看自己到底有多难过。我自己经受痛苦就算了，老天爷，我还让你承受了这么多的痛苦。要面对这一切真的、真的太痛苦悲伤了。我想知道听到我说这些，你的感受是怎样的？

男学员：我感到挺麻木的，可能是我在保护自己吧。

马歇尔：这也正是我害怕的，即使是此刻你依然感到必须得对自己做些什么。我真的想让你知道，我戴着同理心耳朵，只是想得到一些同理聆听。没有别的了。如果你做不到，我也不会听成是对我的拒绝或者制造更多的痛苦。所以，我听到你感到麻木，或许有一部分的你想要与我说的话有共鸣，但另一部分又害怕进入旧的模式——现在你必须得做些什么。

我想告诉你，这么多年来一直如此呈现自己的背后，我的心里在经历些什么。听到你说希望我怎么表达（我的痛苦）时，我真的想哭，因为这使我意识到这正是我本来所希望的方式。然后我问自己是什么阻止了我这样说，这也是我想哭的原因——我以为从来没有人真的在意我的内心。而你的话让我意识到，原来我一直在寻求他人在意的方式却成了自证的预言。以这样的方式，哪里有人能欢喜地来关心我呀？我是那么痛苦，实在不知道该如何用其他的方式告诉大家：我很痛苦，我需要一些关注。

　　我不是想让你为此负责，我只是想要能感受到有人在意我。而打从小时候起，我寻求的方式却让所有人都不愿意这样做。我从来没有感受到任何人在意我的需要。因此，让我用一种让别人开心的方式提出我的需要根本不可能。我会在忍无可忍的时候用我唯一知道的方式表达出来，然后看到我的表达方式又影响了其他人，这让我更加难以忍受。你能告诉我听到我说这些的时候，你有什么感受吗？

　　男学员：我感到难过，但能听到在你迫切表达痛苦背后的心声，我好像松了一口气，单单与之产生连结，就让我变得更放松。

马歇尔：对于刚才的自我披露，我感到非常脆弱。如果我想问问大家对我们刚才说的话有什么反应，你觉得怎么样？

男学员：我猜我会喜欢的。

马歇尔：好的，有人想对我们的对话说说自己的感受和反应吗？

对角色扮演的反应

女学员：我也不知道为什么，看到男性们以如此富有慈悲心的方式对彼此做出积极的回应时，我感到心花怒放。这对我来说是一种全新的体验。

马歇尔：我们不是真实世界里的男性。（开玩笑地说）

女学员：你的示范让我看到了男性可以采取行动的全新可能。所以，我很感激。

男学员：我也很感激，内心被深深触动了，因为我与母亲的互动方式很相似，我一直无法与她有效沟通，对此我的态度差不多是绝望的。听到马歇尔在母亲角色中哀悼的表达：她希望和在意的是儿子的快乐，并因为这个需要没有得到满足而感到难过，我感到自己的内在有一部分被疗愈了，因为我知道了母亲所看中的是什么，主观上她从未想让我过得艰难。听到她说出心路历程以及你们的对话，对我来说是一种疗愈。真的很感谢。

男学员：我很感激这次体验，让我真实地感知到了语言背后的人性。大家可能都听说过"振频"这个词，我在某一时间点真实不虚地感觉到了它的存在，带走了我在这房间里与每个人之间的分离感。让我真切地感觉自己和大家是连结在一起的。然而另一方面，我感到有点难过，因为我真的希望看到所有人，包括我自己在内都是快乐的。我意识到在你扮演母亲时说的话：我们每个人身上都有某种遮挡人性的东西，但是当一方或者双方能够敞开心扉，解决问题的速度会快得超出你的想象。我认为非暴力沟通起到了很大的帮助，但我感觉这也取决于我们与内心连结以及临在的能力。这有点像是信仰。我认为这很好地描述了我此刻的感受。非常感谢。

男学员（案主）： 此刻我的心里很难过，我认同你的说法，并意识到我已经放弃了疗愈与母亲之间的关系……然而，如果不去疗愈与母亲的关系，我又怎么能疗愈我与其他女性之间的关系呢；以及我不知道如何，甚至是否能够或是应该要面对她，因为我认定了她是不会这样回应我的。

马歇尔： 你觉得她听到这段录音会有什么反应?

男学员： 我不知道，这个过程疗愈了我，也许也能给她带来疗愈或是什么吧。

马歇尔：我想让你试试，如果效果很好，可否请你打电话告诉我。如果搞砸了，那就打电话给我的员工。

男学员：你的这番话让我看到了一点希望，不是说我可以一直连结自己的感受和需要，而是我看到了一些希望。即使把事情搞砸了，我还是能带着一些希望和能量，用这样的方式和我的兄弟来工作。感谢你。

马歇尔母亲给他的礼物

马歇尔： 我想和你分享我收到的一份礼物。我和我母亲的关系同你类似，听你表达的时候，我就像看到了过去的我。我想告诉你一场帮助我摆脱困境的大手术，不是在我身上做手术，而是我母亲在我的一场工作坊上提到的手术。

在那场工作坊上，女学员们交流着对于她们来说直接表达自己的需要是多么让人害怕，因而，她们与男性之间的关系变得更加糟糕。对于表达需要，她们唯一知道的方式会带来的结果又与她们的本意背道而驰，她们因而感到更加难过，这让她们的关系雪上加霜。

　　女学员们一个接着一个地表示，说出自己的需要对她们来说有多困难。这时，我的母亲起身离开，去了洗手间，很长时间也不回来，我都有点着急了。当她出来时，我注意到她的脸色苍白，我问："妈妈，你还好吗？"她说："现在感觉好多了。"

　　"听到这些讨论让我非常不安。当听到这些女学员们谈论表达需要有多么困难时，我想起了一些往事。"我问："你介意告诉我是什么吗，妈妈？"

　　她给我讲了这个故事。"在我14岁的时候，我的妹妹，你的米妮姨妈切除了阑尾，然后，你的爱丽丝姨妈买了一个小钱包送给了她。我很喜欢那个钱包，也特别渴望能有一个。但在我们家里，你永远没法开口说出你想要或者需要什么，因为你会听到大一点的孩子告诉你：'你知道我们有多穷。你怎么能提出你要什么？'但我仍极度渴望那个钱包，以至于我的身体开始感到疼痛。大人们带我去看了两位医生都找不到病因，最后第三位医生建议做个手术把情况搞清楚。"

　　最终的结果是，他们切除了母亲的阑尾，母亲心想事成：爱丽丝姨妈也给她买了一个钱包，就是她想要却开不了口的那个。但故事还没有结束。妈妈告诉我："然后，我躺在医院的病床上，虽然术后我的身体很难受，但我却很开心。有位护士进来把体温计塞进我的嘴里后离开了，然后另一位护士走了进来。我想让她看看我的钱包，但因为我嘴里含着东西，只能发出'嗯，嗯，嗯'的声音。护士说：'给我的？谢谢！'说完，她拿起钱包就走了，而我却开不了口让她还给我。"

　　这是一份来自母亲的珍贵礼物，因为这让我看到，对她来说表达自己的需要有多么艰难，她为此经历了什么，帮助我理解了所有那些令我讨厌她的事。我明白了为什么每当她开口要一些东西时就会激怒我，因为那背后是她的无力。我明白了为什么她做不到站出为自己做表达。所以，那场大手术帮助我消除了对她的痛苦的不待见。我因而从中获益。

　　女学员：（对案主）想对你说我真的很感激你愿意展现脆弱，表达你所有的愤怒、受伤和痛苦。你可能会感到惊讶，你的母亲可能也非常愿意、非常急切地想要这样开诚布公地互动。我要去买录音带，带给我儿子。

　　男学员（案主）：你能说几句话来结束我和你的对话吗，马歇尔？我想买录音带，在看望她的时候放给她听，但想到这又勾起了许多恐惧。我对自己说的是：我们都对彼此说过一些十分强烈又残酷的话，尽管我已经对关系的缓和不再抱有希望，但我依然担心她会将听到的内容视作我在那一刻的情绪宣泄。

马歇尔：确实会有这样的危险在，但如果她能坚持多听一些内容，并且看到我真的有在她表达背后听到美好，她也会因而对非暴力沟通有所学习。

男学员：我刚刚意识到，在给她放录音之前，我可以告诉她，过去的很多话只是为了表达当时非常强烈的情绪。我想她很明白这一点，这可是她教我的。

马歇尔：然后你可以说："妈妈，我想让你看看马歇尔在扮演你的角色时是如何处理这一点的。当我用这些标签评判你时，他又是如何处理的。看完后我想请你告诉我，看到他的扮演你有怎样的感受。"

男学员：我担心她可能想要你（马歇尔）来当她儿子。

女学员：我也想有马歇尔这样的妈妈。

小 结

在一段重要关系中的人，为了寻求疗愈或和解而建立同理沟通桥梁有四个主要阶段。

第一阶段：同理连结

1. 临在：当一个人正在经历伤痛、愤怒或恐惧时，我同理的方式是去全然地与这个人当下的状态在一起，不做任何判断、诊断或建议。

2. 连结并核对对方当前的感受与需要——只在以下情况里用语言表达出来：

● 我的目的是验证我是否准确理解了他们并与之建立了连结；

● 感知到在他们分享了脆弱后可能会对语言表达出来的同理心生欢喜。

我的注意力是他们此刻的状态（过去的事件带来的结果），而不是他们的故事（想法）以及过去发生的事件。

3. 保持与对方的同理，直到我接收到了结束的信号（例如，他们有了释然感或是不再谈论过去）。

4. 与对方核实："你还有什么想说的吗？"

5. 聆听他们在被同理后的请求，此刻想要听到我说什么？（一些咨询？建议？还是我在听了他们表达后的感受？）

记住要区分同理心和同情心。带着同理心，当对方在感受自己时，我便完全地与他们同在当下。带着同情心时，我回到了自己这里，体会着我自己的感受。

第二阶段：哀悼

非暴力沟通中的哀悼需要我们建立的意识是：由于我过去做出的某个特定选择导致了我此刻未能满足的需要。例如，在兄妹之间的角色扮演中，哥哥说："妹妹，当我看到我的行为造成了你的痛苦时，我感到非常难过。我的本意是想要给你抚慰并且支持你，但这个需要没有得到满足。"当他哀悼时，哥哥也连结了这个当下从那些未被满足的需要（"抚慰与支持妹妹"）中升起的感受（"难过"）。

非暴力沟通的哀悼不是道歉。道歉是基于道德判断，涉及承认错误行为，并暗示让人受苦的方式能让事情得到"纠正"。在非暴力沟通的哀悼中，我需要问自己的行为是否满足我的需要。如果没有，我没有满足哪些需要，对此我的感受如何？

第三阶段：承认过去的需要（导致了我选择的行为）

在同理连结和哀悼阶段之后，我会听到人们最迫切地想要听到我回答的问题是："那时候你为什么这么做？"在进入下一个阶段前，我要确保对方已经完全获得了自己需要的同理聆听。在这个阶段我尝试连结的是：在选择当时的行为时，我尝试满足的需要是什么。

例如，在母子的角色扮演中，当母亲同理了儿子并且在他面前哀悼后，她承认是什么导致她对家人采取了这样的行为方式："我从来没有感受过他人在意我的需要……我越来越绝望，只能用我唯一知道的方式表达出来，那是出于绝望……当看到我的这种表达方式如何影响到其他人时，我更加绝望了。我内心的悲伤是那么深，以至于完全不知道还有什么其他的方式来表达'我很痛苦，我需要一些关注。'"

正如哀悼不同于道歉一样，母亲带着慈悲心的自我谅解是建立在连结她过去的感受（"绝望""痛苦"）和需要（关心、关注和在意）上，这不同于合理化或是否认责任。

第四阶段：反向同理

当痛苦的一方得到了充分的同理、听到了对方的哀悼，也理解了对方试图通过其行为来满足需要后，会自然而然地想反过来同理对方。在这一阶段中，我们将结束疗愈的最后阶段。然而，至关重要的是，只有当痛苦的一方真正想要同理对方时再来开展这一步。任何压力或过早的邀请都只会加剧他们的痛苦。

在这本小册子所使用的工作坊记录中，马歇尔提到了这一疗愈的最后阶段，但没有以角色扮演来示范全过程。

（以下内容参考了《非暴力沟通》修订版中相同的内容）

非暴力沟通的四要素	
清晰地，不带指责或批评地表达自己	带着同理心倾听对方，而不解读为指责或批评
观察	
1. 我所观察到的（看到的，听到的，记忆里的，想象的，不带自己的评价） 是否为我的幸福做出了贡献："当我（看，听）……"	1. 你所观察到的（看到的，听到的，记忆里的，想象的，而不是你所评价的） 是否为你的幸福做出了贡献："当你（看，听）……" （有时会以静默的方式同理倾听）

感受	
2. 与我的观察相连，我的感受 （情绪，知觉而非想法）： "我感到……"	2. 与你的观察相连，你的感受 （情绪，知觉而不是想法）： "你感到……"

需要	
3. 我的什么需要或者我所看重的（不是偏好或特定的行为）引发了我的感受： "……因为我需要/看重……"	3. 你的什么需要或者你所看重的（不是偏好或特定的行为）引发了你的感受： "……因为你需要/看重……"

请求	
为了丰富我的生命，清晰地表达请求而不是要求	带着同理心倾听，什么请求能丰富你的生命，而不是听到任何要求
4. 我想采取的具体行动是： "你愿意来……吗？"	4. 你想采取的具体行动是： "你愿意来……吗？" （有时会以静默的方式同理倾听）

人类的基本感受

需要满足时的感受

惊奇的　舒服的　有信心的　渴望的　精力充沛的
满足的　高兴的　充满希望的　受到启发的　感兴趣的

愉悦的　感动的　乐观的　自豪的　释然的　激动
的　惊讶的　感激的　感动的　信任的

需要未被满足时的感受

生气的　恼怒的　担心的　困惑的　失望的　气馁

的　苦恼的　尴尬的　沮丧的　无助的　绝望的　没有
耐心的

烦恼的　孤独的　紧张的　难以禁受的　困惑的
不情愿的　悲伤的　不舒服的

人类的基本需要

自主

选择梦想/目标/价值观

选择实现梦想、目标、价值观的计划

庆祝

庆祝生命的创造和梦想的实现

庆祝失去：爱的人、梦想等（哀悼）

诚实正直

真实性

创造力

意义

自我价值

相互依赖

接受

欣赏

亲密度

社区

考虑

对丰富生活的贡献

情感安全

同理心

诚实（使我们能够从自己的局限中学习的授权诚实）

爱

保证

尊重

支持

信任

理解

身体滋养

空气

食物

动作

运动

免受生命威胁的保护形式：病毒、细菌、昆虫、掠食性动物

休息

性表达

庇护所

触摸

水

玩乐

有趣

欢笑

精神交流

美丽

和谐

灵感

秩序

和平

译后记

2010年当我翻译完《活出生命的意义》这本书后，自以为再不会翻译任何作品。可一年多前，当我看到马歇尔·卢森堡博士的《非暴力沟通：冲突解决与疗愈和解》这部作品时，又跃跃欲试，一则为了深化自己的非暴力沟通学习；二则实在是想为自己喜欢的非暴力沟通做点贡献；三是字数不多，工作量貌似可以接受。

说起与非暴力沟通的缘分，早在十几年前。当年作为版权负责人，为找到《非暴力沟通》的版权颇费了番周折，在成功说服国内一家知名出版社放弃中文版权后，这本书才得以被外方重新授权并在国内首次出版。

在2009年阅读《非暴力沟通》时，并无太多感触。但十年后，再次翻阅这本书，被深深触动，从此成为了非暴力沟通的学习者、践行者、推广者，2020年，成为国际非暴力沟通中心认证培训师候选人。

很多人听到"暴力"这个词语时，习惯性地把其视为肢体上的严重冲突或者言语中的辱骂，但在非暴力沟通语境下，还包括道德评判、比较、命令等异化的沟通方式。

在日常生活中，我们往往用语言伤害了别人而不自知，正如卢森堡博士在书中指出的："也许我们并不认为自己的谈话方式是'暴力'的，但我们的语言确实常常引发自己和他人的痛苦。"尤其是，很多实施语言暴力的人，是我们深爱并且信任的人，比如说我们的父母，我们的爱人、姐妹、朋友等，因为爱，因为在意，我们更容易被伤害，或者在很多时候，我们也在用同样的方式伤害着我们爱的人而不觉。

　　之所以非暴力沟通被很多人喜欢，大概是因为它为我们提供了另外一个视角，有效且有实操性，能够平和地处理暴力和痛苦的根源，帮助我们了解隐藏在沟通双方言行背后未获得满足的需要是什么，从而减少人与人之间的敌意，疗愈伤痛，改善我们的人际关系，让我们更接近自己的天性。如今国内有越来越多的人开始学习和使用非暴力沟通，努力为他人的个人福祉做出贡献。

　　《非暴力沟通：冲突解决与疗愈和解》，这本书分为两部分，第一部分"冲突解决"，讲述非暴力沟通如何通过聆听与表达等各种有用的技巧展开对话以及建立连结，化解冲突；第二部分"疗愈和解"，作者利用角色扮演这个工具，展示了非暴力沟通的使用步骤和方法，帮助我们在慈悲或是"临在"的状态下疗愈内在的旧伤痛。

这本书的翻译历时一年多，终于要和读者见面了，我的内心充满了喜悦和忐忑。喜悦是因为这份翻译工作完美地满足了我所说的三个需要，忐忑则是因为这本书的翻译难度超出了我的想象，内容涉及非暴力沟通的高阶内容，需要译者具有非暴力沟通的专业受训和系统学习经历，具备扎实的专业基础知识，并且拥有丰富的实践经验，从而形成对非暴力沟通较为深刻的内化，才有可能精准翻译出这本书的精髓。过去六年多的学习，以及五年多在教师领域的分享和授课经历，让我有了点底气，尝试着翻译这本书，但内心仍惴惴，唯恐无法胜任。

最后，要特别感谢我的好友朱迪及审订者刘轶老师在翻译过程中给予我的巨大帮助。尤其感谢刘轶老师，为了保证翻译的精准，她字斟句酌，做了细致而专业的修订，显示出她深厚的非暴力沟通和专业英语功底，以及对非暴力沟通的深深敬畏之心。她的审订和把关，让这本书的翻译多了一重保证。

　　如果读者在阅读中发现翻译有不当之处，也敬请批评指正。

吕　娜

法学博士

国际非暴力沟通中心认证培训师候选人

《活出生命的意义》译者

作者简介

[美] 马歇尔·卢森堡

马歇尔·卢森堡博士由于在促进人类和谐共处方面的突出成就，2006 年获得了地球村基金会颁发的和平之桥奖。卢森堡博士早年师从心理学大师卡尔·罗杰斯，后来他发展出极具启发性和影响力的非暴力沟通的原则和方法，不仅教会人们如何使个人生活更加和谐美好，同时解决了众多世界范围内的冲突和争端。非暴力沟通被联合国教科文组织列为全球正式教育和非正式教育领域非暴力解决冲突的最佳实践之一。

译者简介

吕娜

法学博士，资深图书策划人，青心文化品牌创始人，国际非暴力沟通认证培训师候选人。翻译作品包括《活出生命的意义》《报业帝国：〈纽约时报〉背后的家族传奇》等。她致力于心智成长类图书出版十五年，出版了包括《零极限》《你值得过更好的生活》《开启你的高维智慧》《你要的是幸福，还是对错》等畅销图书近百部。

有关非暴力沟通的更多信息，请联系非暴力沟通中心，地址如下：

Center for Nonviolent Communication(CNVC)

9301 Indian School Rd., NE, Suite 204

Albuquerque, NM 87112-2861 USA

Website: www.cnvc.org

Email: cnvc@CNVC.org

Ph,505-244-4041 U.S.Only: 800-255-7696 Fax 505-247-0414

图书在版编目（CIP）数据

非暴力沟通：冲突解决与疗愈和解 / （美）马歇尔·卢森堡著；吕娜译 . -- 北京：中国青年出版社，2022.11

ISBN 978-7-5153-6828-3

Ⅰ.①非… Ⅱ.①马… ②吕… Ⅲ.①心理交往 Ⅳ.① C912.11

中国版本图书馆 CIP 数据核字（2022）第 245947 号

著作权合同登记号：01-2022-2217、01-2022-2216

Translated from the book We Can Work It Out, ISBN 9781892005120/1892005123 by Marshall Rosenberg, Copyright © September 2004, published by PuddleDancer Press & Getting Past the Pain Between Us, ISBN 9781892005076 by Marshall Rosenberg, Copyright © September 2004,published by PuddleDancer Press. All rights reserved.

Used with permission. For further information about Nonviolent Communication (TM) please visit the Center for Nonviolent Communication on the Web at : www.cnvc.org.

非暴力沟通：冲突解决与疗愈和解

作　　者：［美］马歇尔·卢森堡
译　　者：吕娜
责任编辑：吕娜
书籍设计：瞿中华
出版发行：中国青年出版社
社　　址：北京市东城区东四十二条 21 号
网　　址：www.cyp.com.cn
经　　销：新华书店
印　　刷：山东新华印务有限公司
规　　格：787×1092mm　1/32
印　　张：5.875
字　　数：80 千字
版　　次：2023 年 3 月北京第 1 版
印　　次：2023 年 3 月山东第 1 次印刷
定　　价：69.00 元
如有印装质量问题，请凭购书发票与质检部联系调换
联系电话：010-65050585